新学習指導要領対応

新しい古典・言語文化の授業

コーパスを活用した実践と研究

河内 昭浩［編］

池上　尚　小木曽智信
河内昭浩　小林正行
杉山俊一郎　鈴木　泰
須永哲矢　服部紀子
宮城　信　渡辺由貴
甲斐伊織　下田俊彦［著］

朝倉書店

まえがき

本書は，国語教育と国語学，特に古典分野に関心のある中学・高校の国語科教員，大学生・大学院生および研究者のために，古典・言語文化に関する授業実践と研究をまとめたものである。

教師や学生の皆さんで「新しい古典・言語文化の授業に取り組みたい！」，「新しい学習指導要領に基づく授業づくりがどのようなものか知りたい！」，「“コーパス”の国語教育分野への活用方法に関心がある！」という気持ちを持っている方々には特に有益であると確信する。

また本書は，2016 年度より始まった，国立国語研究所の共同研究プロジェクト「古文教育に資する，コーパスを用いた教材の開発と学習指導法の研究」の成果報告書でもある。共同研究プロジェクトメンバーと，メンバーの委託を受けた授業実践者が執筆に当たっている。

本書の構成は以下の通りである。

第 1 章　新しい古典・言語文化の指導と通時コーパス
第 2 章　授業をつくる
第 3 章　古典教育を考える
第 4 章　新しい語彙集・文法集

第 1 章では，学習指導要領改訂によって新たに求められる古典・言語文化の指導について，また，コーパスの活用方法について述べられている。新たな古典・言語文化の指導と，通時コーパスの構築，その二つの向かう先が一つに重なっていることが示されている。コーパスになじみのない方でも，本章をお読みいただければ，コーパスの使い方や国語教育への活用の意義が，よくお分かりいただけることと思う。

第 2 章では，コーパスを活用した古典・言語文化の授業実践や教材作成について述べられている。授業実践では，『竹取物語』や『枕草子』といった定番教材を取り上げ，それぞれ，実際に行われた授業のようすが詳しく伝わるように記述されている。また『白雪姫』による教材作成といった独自の取組みも報告されている。学校教育現場で，新しい古典・言語文化の授業をつくりたいという意欲をお持ちの方々にとって，大いに参考になるであろう。

第３章には，コーパスと国語教育を結び付けた論考が収められている。現代語訳，文法，連語と着眼点は多様である。また，作業進捗中の国定国語教科書コーパスや，インターフェイス開発についての報告もある。コーパス言語学の国語教育への応用を考える大学生，大学院生，研究者にとって，有益な章となっていると思う。

第４章は，コーパスを活用した古典語彙集，古典文法集の作成方法と考察が述べられている。古文を読むために，本当に理解が必要な語彙（単語）や文法は何か。それらが実証的に記述されている。学校現場や研究者の方々はもちろんであるが，これから新たな古文語彙（単語）集，古文文法集を設計する考えをお持ちの教育関係者にも，関心をお持ちいただけるのではないだろうか。

本書で主に活用したコーパスは，「日本語歴史コーパス」（The Corpus of Historical Japanese：CHJ）である。現代日本語の書き言葉のコーパスである「現代日本語書き言葉均衡コーパス」（The Balanced Corpus of Contemporary Written Japanese：BCCWJ）の国語教育への活用研究をまとめたものとして，『講座日本語コーパス４　コーパスと国語教育』（田中牧郎編，朝倉書店）がある。合わせてお読みいただくと，コーパスと国語教育の関係が，いっそうよくお分かりいただけるであろう。

これから，新しい古典・言語文化の授業づくりが始まる。本書はその嚆矢（こうし）となるものである。本書によって，古典・言語文化ならびにコーパスに，さらなる関心が集まることを期待したい。

2018年12月

編集者　河 内 昭 浩

■編集者

河内昭浩（かわうちあきひろ）　群馬大学教育学部

■執筆者

池上尚（いけがみなお）　埼玉大学教育学部
小木曽智信（おぎそとしのぶ）　国立国語研究所言語変化研究領域
河内昭浩（かわうちあきひろ）　群馬大学教育学部
小林正行（こばやしまさゆき）　群馬大学教育学部
杉山俊一郎（すぎやましゅんいちろう）　駒澤大学文学部
鈴木泰（すずきたい）　東京大学名誉教授
須永哲矢（すながてつや）　昭和女子大学人間文化学部
服部紀子（はっとりのりこ）　国立国語研究所言語変化研究領域
宮城信（みやぎしん）　富山大学人間発達科学部
渡辺由貴（わたなべゆき）　名古屋女子大学文学部
甲斐伊織（かいいおり）　学習院中等科
下田俊彦（しもだとしひこ）　群馬大学教育学部附属中学校

目　　次

第 1 章

新しい古典・言語文化の指導と通時コーパス

1.1　新しい古典・言語文化とは何か　（河内昭浩）
1.2　コーパスと国語教育　（河内昭浩）
1.3　「通時コーパス」とその利用法　（小木曽智信）

1.1 新しい古典・言語文化とは何か

河内昭浩

1. 言語文化の指導

(1) 「古典」が消える！？

2018年3月，新しい高等学校学習指導要領が告示された。国語科の共通必履修科目として，これまでの「国語総合」に代わり，新たに「現代の国語」と「言語文化」という2つの科目が設定された。

現行の「国語総合」は，各社の教科書の章立てが示す通り，現代文分野と古典分野の2つの枠組みで構成されている。そして，「国語総合」の現代文と古典の学びが，そのまま選択科目の「現代文」と「古典」へつながっている。しかし，新しい高等学校学習指導要領で示された科目名は，「古典」ではなく「言語文化」である。選択科目に「古典探究」といった科目が残るものの，1960年の改訂から続いてきた「古典」と称する科目がなくなることになる（図表1.1）。

これまでの「古典」ではなく，「言語文化」を指導するとはどのようなことであろうか。

まず，「言語文化」という科目が設定された経緯を振り返る。

(2) 科目「言語文化」の成立

「教育課程企画特別部会における論点整理について」（文部科学省教育課程企画特別部会，2015年8月）には，次のように記されている。

> 特に高等学校においては，教材の読み取りが指導の中心になりがちで，国語による主体的な表現等が重視されていないこと，話合いや論述など，「話すこと・

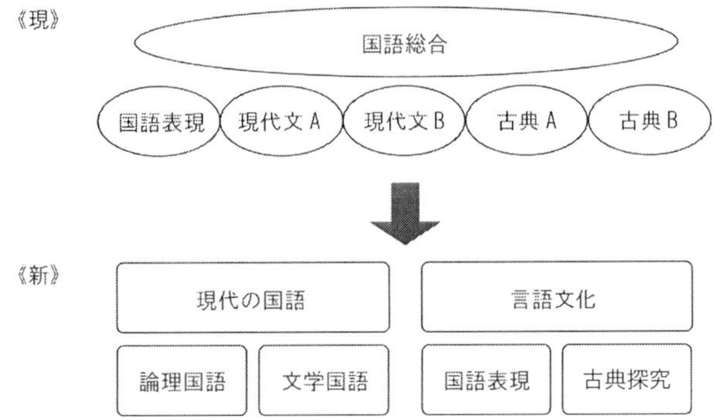

図表 1.1　高等学校学習指導要領（国語科）の科目名変更（平成 28 年 5 月教育課程部会国語ワーキンググループ資料を参考に作成）

聞くこと」「書くこと」の学習が十分に行われていないこと，古典の学習について，日本人として大切にしてきた言語文化を積極的に享受し，社会や自分との関わりの中でそれらを生かしていくという観点が弱く，興味が高まらないことなどが指摘されているところである。（35 頁）

まず高等学校国語科の学習指導が，「教材の読み取りが指導の中心になりがち」であることが指摘されている。小・中学校では，現行の学習指導要領のもとで，すでに積極的な言語活動が行われている。その言語活動の土台の上に，新しい学習指導要領では，主体的・対話的で深い学びが導入される。一方で多くの高等学校では，依然として，「教材の読み取りが指導の中心になりがち」のままである。そのことに対して，変化を求めているのである。

また古典の学習について，「言語文化を積極的に享受し，社会や自分との関わりの中でそれらを生かしていくという観点が弱」いことと，「興味が高まらない」ことが課題として挙げられている。

「教育課程企画特別部会における論点整理について」と同時期の教育課程部会国語ワーキンググループの報告には，古典を「好き」あるいは「どちらかと言えば好き」と回答した生徒の割合，並びに古典の学習を「必要」あるいは「どちらかといえば必要」と回答した生徒の割合が，いずれも 30％台に過ぎなかったという調査結果が示されている（「高等学校国語科の科目構成について」，2016 年 2 月）。また古典を必要ではないと考える理由として，「社会に出ても必要がないから」「昔の言葉なんていまさら関係がないから」といった回答が約80%であったという。

こうした状況を改善するために，高等学校国語科に，新たに「言語文化」という科目が創設されるに至った。つまり科目「言語文化」は，教材の読み取りのみの授業から脱却し，生徒の表現力の向上につながる科目であるとともに，生徒の興味・関心を高め，社会生活の中での必要性を感じさせる科目になっていかなければならない。

また学習指導要領に先立つ「答申」で，科目「言語文化」は次のように位置づけられた。

> 共通必履修科目「言語文化」は，上代（万葉集の歌が詠まれた時代）から近現代につながる我が国の言語文化への理解を深める科目として，「知識・技能」では「伝統的な言語文化に関する理解」を中心としながら，それ以外の各事項も含み，「思考力・判断力・表現力等」では全ての力を総合的に育成する」(「幼稚園，小学校，中学校，高等学校及び特別支援学校の学習指導要領等の改善及び必要な方策等について（答申)」，2016年12月，128頁)。

まず，「上代から近現代」という時代設定が，これまでの科目「古典」とは異なる。科目「古典」が対象とする時代は，「上代から近世まで」である。また，上代から近現代に「つながる」とある。単に古典を過去のものとして扱うのではなく，古典と現代をつながりのあるものとしてとらえている。

また科目「言語文化」は，「我が国の言語文化への理解を深める科目」であり，「知識・理解」として「伝統的な言語文化に関する理解」を中心にするとある。「我が国の言語文化」という言葉は，現行の高等学校学習指導要領国語科の科目「現代文A」の目標に用いられている（「近代以降の様々な文章を読むことによって，我が国の言語文化に対する理解を深め，生涯にわたって読書に親しみ，国語の向上や社会生活の充実を図る態度を育てる」)。また「伝統的な言語文化」は，現行の学習指導要領国語科において，小・中・高等学校を貫く「事項」（伝統的な言語文化と国語の特質に関する事項）の内容の一つである。これまでの現代文と古典の双方の内容が科目「言語文化」に盛り込まれていることが，用語の使い方からも分かる。

以上が，科目「言語文化」の成立過程である。

ところで，「言語文化」という科目は新設されるものだが，言語文化という言葉は，これまでも小・中・高等学校の学習指導要領の中で繰り返し用いられてきている。

そもそも言語文化とは何であろうか。学習指導要領の定義から確認したい。

(3)　言語文化の定義

『中学校学習指導要領解説国語編』(2017 年 6 月）には次のようにある。

> 我が国の言語文化とは，我が国の歴史の中で創造され，継承されてきた文化的に価値をもつ言語そのもの，つまり文化としての言語，またそれらを実際の生活で使用することによって形成されてきた文化的な言語生活，さらには，古代から現代までの各時代にわたって，表現し，受容されてきた多様な言語芸術や芸能などを幅広く指している。(24 頁)

ここで言語文化とは，言語そのものであり，生活であり，芸術や芸能であるとされている。この言語文化の定義は，現行の学習指導要領から変わっていない。また先にも述べたように，言語文化という言葉は，現代文の目標の中でも用いられている。「伝統的な言語文化」についても，先に述べた通りである。

しかし実際にはこれまで，現代文の学習指導において，言語文化の指導が行われてきたとはいえない。国語ワーキンググループの報告の中でも，言語文化の育成を目標に掲げた「現代文 A」の開設率の低さが，課題として挙げられている。また「伝統的な言語文化」においても同様に，言語文化の指導が意識されてきたとはいえない。「伝統的な言語文化」と「古典」と「古典文学作品」は，ほぼ同義に扱われてきたといってよい。

引用した『解説国語編』の定義に沿えば，言語文化の「芸術・芸能」面のみが扱われてきたといえるだろう。つまり，これからの言語文化の学びを意義ある学びとするためには，言語文化の「言語」の面や，「生活」の面に目を向けていく必要があるということである。

(4)　通時的な言葉の変化

次に，言語文化に関連する「通時的な言葉の変化」の学びに触れておく。

新しい学習指導要領の［知識及び技能］の中に，新たに「言葉の由来や変化」という指導項目が設けられた。この「言葉の由来や変化」の中に，「漢字の由来」「共通語と方言」と並び，「通時的な言葉の変化」についての学びが置かれている。中学校学習指導要領国語科第3学年の「通時的な言葉の変化」の項目には，「時間の経過による言葉の変化や世代による言葉の違いについて理解すること」とある。

またその項目について，『中学校学習指導要領解説国語編』には，以下のように記されている。

> 言葉は，時間の経過により語形や語意などが変化していくという側面をもっている。この変化の側面は，古典だけでなく，最近の言葉においても認めることができる。ここでは，言葉のもつこのような性質に気付かせることで，日頃，自分たちが使っている言葉に対する興味・関心を喚起するとともに，理解や認識を深めて通時的な言葉の変化に対する意識をもたせるようにすることが重要である。(111頁)

現行の学習指導要領で言葉の変化について扱う際には，若者と年配者といった世代間による言葉の違いや，適切な敬語の使用が主な学習事項となっている。しかし上記引用の中の「通時」の言葉が示すように，新しい学習指導要領では，古典から現代への言葉のつながりが指導の重点事項となっている。「古典だけでなく」の言葉が示すように，古典を現代とつなげるのみでなく，現代の言葉の指導においても，古典とのつながりをとらえさせることが求められているのである。

(5)　古典から言語文化の指導へ

ここまで，科目「言語文化」の成立や言語文化の定義などについて述べてきた。これからの国語科では，言語文化の指導が求められる。その背景に，従来の古典の指導が，読み取り中心であることや，古典の学びに意欲を持てない生徒が多くいることなどについて触れてきた。

では古典はなくなるのか。もちろんそんなことはない。

これから求められるのは，一つは，現代と通じる古典の指導である。そしてもう一つは，文学のみにとどまらない古典の指導である。それらを言い表す言葉が，言語文化であると考えるとよいだろう。

これからどんな時代が来ようとも，過去から学ぶべきことがないなどということはない。むしろ今こそ，過去から多くのことを学ぶべきと考える教師は少なくないはずである。

ただこれまでは，古典を文学として学ぶ以外の手立てが少なかった。現在我々が構築している「通時コーパス」は，古典を言葉の面からとらえ，かつ古典と現代をつないでいる。コーパスは，古典の指導を言語文化の指導へと変えていくための重要なツールにこれからなっていくことであろう。詳しくは次節で述べる。

コーパスについて述べる前に，これまで挙げた点とは異なる，従来の教科「古典」の抱える「教材の固定化」という課題を整理しておきたい。その課題を克服するためにも，コーパスが大きな役割を果たしうると考えるからである。

2.　古典指導の課題―教材の固定化

(1)　中学校国語科教科書

図表 1.2 は，2016 年度使用の中学校国語科教科書（全 5 社）に掲載されている古典文学作品を一覧にしたものである。丸数字は掲載されている教科書の数を示している。

[調査対象]

・中学校国語教科書 5 冊（学図，教出，三省堂，東書，光村）

図表 1.2　中学校教科書に掲載されている古典文学作品

1 年	**竹取物語**⑤，伊曽保物語①，宇治拾遺物語①，東海道中膝栗毛①，いろは歌①
2 年	**枕草子**④（春はあけぼの④，うつくしきもの②，九月ばかり，夜一夜降り明かしつる雨の①），**徒然草**⑤（序段③，仁和寺にある法師④，ある人弓射ること習ふに②，高名の木登り①），**平家物語**⑤（祇園精舎⑤，敦盛最期③，那須与一②）
3 年	**万葉・古今・新古今**⑤，**奥の細道**⑤（序段⑤，平泉⑤，立石寺②），枕草子①（春はあけぼの①，うつくしきもの①，香炉峰の雪①）

ご覧の通り，ほとんどの教科書で作品が共通していることが分かる。また取り扱われる章段も限定的である。特に『枕草子』序段の「春はあけぼの」は，図表1.2にあるように，全社の教科書で扱われているが，実は小学校国語科の全社の教科書にも掲載されている。さらに図表1.4で示すが，高等学校の一部の教科書にも掲載されている。

古典への興味が高まらない背景には，こうした画一的な作品・章段の教材化ということもあるのではないだろうか。

(2)　高等学校国語科教科書

次に，同じく2016年度使用の高等学校の国語科教科書（『国語総合』『古典B』）に掲載されている作品を図表1.3に示す。また，『伊勢物語』と『枕草子』について，掲載されている章段を図表1.4に示す。

図表1.3　高等学校国語科教科書に掲載されている古典文学作品

上代	古事記②，万葉集④
中古	**伊勢物語**⑩，**枕草子**⑨，**竹取物語**⑦，大鏡⑤，源氏物語⑤，更級日記⑤，土佐日記⑤，大和物語⑤，古今和歌集⑤，紫式部日記④，蜻蛉日記④，和泉式部日記③，今昔物語集②，袋草紙①，梁塵秘抄①，栄花物語①，古本説話集①，堤中納言物語①，俊頼髄脳①
中世	**徒然草**⑩，**平家物語**⑩，**宇治拾遺物語**⑧，方丈記⑤，古今著聞集④，沙石集④，十訓抄④，新古今和歌集④，無名抄④，百人一首③，今物語③，正徹物語③，風姿花伝②，増鏡②，無名草子②，閑吟集①，義経記①，建礼門院右京大夫集①，住吉物語①，発心集①，毎月抄①，水無瀬三吟百韻①
近世	**奥の細道**⑥，去来抄④，玉勝間③，雨月物語②，日本永代蔵②，三冊子②，御伽草子①，近世俳句①，好色五人女①，世間胸算用①，曽根崎心中①，石上私淑言①，うひ山ぶみ①，笈の小文①，花月草紙①，源氏物語玉の小櫛①，西鶴諸国ばなし①，難波土産①

＊下線部は2018年1月現在，国立国語研究所コーパス開発センター「日本語歴史コーパス」に収録されている作品を指す。

[調査対象]

・「国語総合」教科書5冊（東書『新編国語総合』，三省堂『高等学校国語総合古典編』，教出『新編国語総合』，大修館『新編国語総合』，数研『高等学校国語総合』）

・「古典」教科書5冊（東書『新編古典B』，三省堂『高等学校古典B古文編』，教出『新編古典B』，大修館『新編古典』，数研『古典B古文編』）

図表 1.4　高等学校教科書掲載の『伊勢物語』『枕草子』の章段

作品名	章段名
伊勢物語	［異なり章段数：12］初冠⑤，芥川⑤，東下り④，筒井筒④，狩りの使ひ②，さらぬ別れ②，小野の雪①，通ひ路の関守①，月やあらぬ①，つひにゆく道①，渚の院①，身を知る雨①
枕草子	［異なり章段数：26］ありがたきもの③，すさまじきもの③，中納言参り給ひて③，野分のまたの日こそ③，春はあけぼの③，雪のいと高う降りたるを③，宮に初めて参りたるころ③，うつくしきもの②，かたはらいたきもの②，大納言参り給ひて②，にくきもの②，二月つごもりごろに②，頭の弁の職に参り給ひて①，大蔵卿ばかり①，男こそ，なほ，ありがたく①，御前にて，人々とも①，木の花は①，九月ばかり①，この草子目に見え心に思ふことを①，近うて遠きもの①，遠くて近きもの①，殿などのおはしまさでのち①，虫は①，無名といふ琵琶の御琴を①，村上の前帝の御時に①，鳥の空音①

・延べ作品数 187（上代 6，中古 75，中世 76，近世 30）

図表 1.3 を見ての通り，中学校国語科教科書と比べると，高等学校国語科教科書に掲載されている作品の数は多い。しかし，『枕草子』『竹取物語』など，中学校国語科教科書と同様の作品が，高等学校国語科教科書でも数多く掲載されていることが分かる。一方で『伊勢物語』は，中学校国語科教科書には見られないが，今回調査した高等学校国語科教科書のすべてに掲載されている作品である。ただし図表 1.4 で分かるように，取り扱われる章段は限定的である。

また，［調査対象］の延べ作品数の欄に記したように，掲載作品のほとんどが，中古と中世の作品である。作品そのものだけではなく，古典として扱われる年代までもが限定的であることが分かる。

以上，現状の古典が抱える教材の固定化について述べてきた。生徒の関心を高め，現代の生活に生きる，現代とのつながりを学べる古典・言語文化としていくためには，新しい教材による新しい指導法の開発が必要である。そうした新しい教材開発，指導法開発に，「コーパス」が寄与しうることを次節以降で示していく。

1.2
コーパスと国語教育

河 内 昭 浩

1. コーパスとは

コーパスとは何か。

国立国語研究所では，コーパスを「言語を分析するための基礎資料として，書き言葉や話し言葉の資料を体系的に収集し，研究用の情報を付与したもの」と定義している（https://www.ninjal.ac.jp/database/type/corpora/）。

現在，日本語のコーパスの整備が，国立国語研究所を中心に進められている。「書き言葉や話し言葉の資料」の整備により，日本語の研究が大きく進もうとしている。

同時に，コーパスの国語教育への活用研究も進められてきている。まず行われたのは，現代日本語の書き言葉のコーパスである「現代日本語書き言葉均衡コーパス(The Balanced Corpus of Contemporary Written Japanese：BCCWJ)[1]」の，国語教育への活用研究である。

BCCWJには，書籍，雑誌，白書，新聞，教科書やweb上の言葉に至るまで，幅広い母集団の中からランダムサンプリングによって抽出された1億語以上の書き言葉が収められている（開発責任者は国立国語研究所コーパス開発センターの前川喜久雄氏)。各種媒体からバランスよく言葉が集められたこのBCCWJは，現代日本語の書き言葉の実態の縮図であり，現代日本語の現実の

[1] BCCWJは，現代日本語の全体像の縮図となるように各種媒体の言語の比率を定め，設計された「均衡コーパス」（balanced corpus）である。詳細は以下HPを参照のこと。
http://pj.ninjal.ac.jp/corpus_center/bccwj/

姿を私たちに教えてくれるものである。このデータは現在，国立国語研究所コーパス開発センターのホームページ上にある「少納言」というサイトで，一般に広く公開されている（http://www.kotonoha.gr.jp/shonagon/）。また別に，利用者登録をすることで，品詞や語種などの形態論情報の付与された「中納言」というサイトの利用も可能になる（http://chunagon.ninjal.ac.jp/）。

また，BCCWJ 作成事業の内部組織であった言語政策班（研究代表者は当時国立国語研究所で現明治大学の田中牧郎氏）において，コーパスの国語教育への活用研究が行われてきた（2006 ～ 2010 年度）。筆者もその班に所属していた。

言語政策班では，BCCWJ と並行して「教科書コーパス」を作成した。「教科書コーパス」には，2005 年度に使用された小・中・高等学校の全教科の教科書，計 144 冊の書き言葉が収められている。BCCWJ が，様々な書籍からサンプリングされた均衡コーパスであるのに対し，「教科書コーパス」は，対象とした教科書の日本語のすべてが含まれる全文コーパスである。この「教科書コーパス」のデータの一部は，BCCWJ に組み込まれている。なお「教科書コーパス」全体は，著作権の都合上非公開となっている。

BCCWJ と「教科書コーパス」をもとに，言語政策班で作成した漢字表や語彙表などは，今もホームページ上で公開されている（http://www2.ninjal.ac.jp/tokuteiseisaku/index.html）。また言語政策班の研究の成果全体は，『講座日本語コーパス 4　コーパスと国語教育』（朝倉書店，2015 年）にまとめられている。

本書は，「日本語歴史コーパス（The Corpus of Historical Japanese：CHJ）」を国語教育に活用するための理論と実践を示すものである。その基盤は，BCCWJ と「教科書コーパス」の国語教育活用研究にある。本節では，これまでのコーパスの国語教育活用研究を概観するとともに，これからの CHJ の国語教育活用研究の意義と観点を整理する。

2.　これまでのコーパス国語教育活用研究

(1)　BCCWJ 活用の意義

実社会で役立つ言葉の力を育成することは，国語教育の不変のテーマである。しかし，実社会で必要な言語の能力について語られることは多くても，実際に社会に流通している言葉そのものについて語られることは少ない。国語教師はしばしば，生徒の語彙の不足を嘆く。あるいは他教科の教師から，生徒の語彙の不足を指摘される。しかし教師が知っていて当然だと考える言葉が，果たしてどの程度現代社会に流通しているのか，あるいは教科書や書物を通じて，どの程度生徒の目に触れられているのかを検証する機会はこれまでなかった。大人が自らの経験に基づき，知っていて当然だと考える言葉が，もしかしたらすでに社会で流通しておらず，知る機会のなかった生徒たちにとっては，むしろ知らなくて当然の言葉であるのかもしれない。こうしたことを検証し，教育の場に生かしていく上で，現代語の大量のデータベースである BCCWJ は，有効に機能する。BCCWJ を活用することで，実社会で本当に必要な言葉は何かを，実証的に見定めることが可能になるのである。

2017 年 3 月に告示された新しい小・中学校学習指導要領では，国語科の学習内容の改善・充実事項の第 1 番目の事項として，「語彙指導の充実」が挙げられている。BCCWJ は，指導すべき語彙を選定するための基礎資料として，今後ますます活用されることであろう。

また別に，BCCWJ を用いることで，私たち教師が，国語科において指導する言葉の「規範」と，コーパスが示す言葉の「実態」との「ずれ」を知ることができる。たとえば，生徒はしばしば作文で，「～。なので，～」と，「なので」を独立した接続語として用いる。教師はそれを誤用として生徒に訂正を求める。ところがこれを BCCWJ（「少納言」）で検索すると，同様の使用例が実に 1175 例もあることが分かる。その内，358 例はインターネット上のものだが，書籍などでも数例見られる。生徒にとって「～。なので，～」は，誤用とは意識されずに，実生活の経験に基づいた判断で，当然のごとく使用されているのかもしれない。こうした実態を把握した上での言葉の指導が，BCCWJ を用いることによって可能になるのである。

(2)「教科書コーパス」活用の意義

新しい中学校学習指導要領には，「各教科等及び各学年相互間の関連を図り，系統的，発展的な指導ができるようにすること」と記されている（第 1 章総則第 2.3（3）イ）。しかし実際の現場で，各教科等間の関連が図られるケースは稀である。

「教科書コーパス」には，小・中・高等学校の全教科の教科書が収められている。「教科書コーパス」を用いることで，教科を関連させた横断的授業を構築することが可能になる。また特に高等学校では，「教科書コーパス」に含まれる小・中学校の教科書の内容が既習事項にあたる。系統的な学習指導を構築するためにも，「教科書コーパス」は有効である。

何より，教科書は生徒にとって最も身近な書物である。たとえば，他教科の教科書が作文の手助けとなることを理解させることで，生徒の作文への負担感を大きく軽減させることができる。これまでのコーパスを用いた作文指導の機会で，毎回生徒全員が作文を完成させることができているが，それは「教科書コーパス」によるところが大きい。

以下，作文・語彙・漢字の指導における，BCCWJ と「教科書コーパス」を活用した筆者の授業実践と研究の概略を記す。詳細は，『講座日本語コーパス 4 コーパスと国語教育』（朝倉書店，2015 年）を見てほしい。

(3)　作文指導におけるコーパス活用

筆者はまず，作文指導において，補助教材作成のためにコーパスを活用した。

作文のテーマとなっている言葉と共起する言葉を，BCCWJ と「教科書コーパス」から抽出し，作文のための補助資料として生徒に提示し，発想の手立てとして活用させた。さらに，コーパスから抽出した文例を示し，作文の手本として活用させた。

生徒の中には，それらの資料にはない，過去の他教科の学習事項などを自ら思い起こし，作文に活用する者もいた。作文という表現活動において，コーパスのデータは，生徒内の既有の知識を結合させるといった効果もあることが分かった。また授業では，生徒自身に BCCWJ を利用させた。国語教育における ICT 導入の手立てとしてもコーパスを活用することができた。

(4)　語彙指導におけるコーパス活用

語彙指導においては，教材分析や教材研究のためにコーパスを活用した。

高等学校の定番文学教材である芥川龍之介の「羅生門」の語彙について検討

した。まず，教科書の脚注欄に示されている語句を，BCCWJ における頻度状況によって検証した。生徒にとって本当に理解が困難な語句は何か，また生徒が社会生活を営む上で理解や使用が必要な語句は何か。それらをコーパスによって，実証的に明らかにすることができた。

また，語彙を軸とした新たな読解指導の提案も行った。語彙に着目することで，教師自身に新たな視点が生まれることを示すことができた。

(5)　漢字指導におけるコーパス活用

漢字指導においては，新たな漢字表の作成のためにコーパスを活用した。

コーパスと漢字との関わりは，2010 年の常用漢字表の改定にさかのぼる。常用漢字表の改定作業に，当時構築途中であった BCCWJ のデータが活用されている。

また学校教育における漢字指導の改善・充実のために，「教科書コーパス」を用いて，常用漢字表に示された漢字の教科書における頻度調査を行った。そして，各教科の教科書における頻度と用例の一覧表を作成した。それらの資料は，文部科学省における漢字検討の会議（「学校教育における漢字指導の在り方に関する調査研究協力者会議」，2014 年度）のための基礎資料となった。

(6)　CHJ の国語教育活用に向けて

以上，これまでの BCCWJ と「教科書コーパス」の国語教育活用の実践や研究について述べてきた。

コーパスを活用するためにまずは，コーパスそのものの整備が必要であることはいうまでもない。本書で主に扱うのは，上代から近代までの言語資料を集めた CHJ である。詳細については次節で語られることになるので，本節では省略する。

またこれまで以下の点について，コーパスを国語教育分野で活用してきた。本書で示す CHJ の国語教育活用においても，同様の観点で授業実践・研究を行っている。

①教材作成，ICT 活用

②教材分析，教材研究

③頻度・用例調査

①は，実際の授業場面での活用である。第 2 章で，様々な校種での様々な授業実践が報告されている。②は，教師の授業準備や研究における活用である。第 3 章でそうした研究提案がなされている。そして③は，コーパスという大規模な言語データの特徴を生かした調査研究である。第 4 章で，CHJ を活用した語彙集・文法集を提示する。

これらの研究は，本書執筆メンバーで構成されている，国立国語研究所の共同研究プロジェクト「古文教育に資する，コーパスを用いた教材の開発と学習指導法の研究」によって進められてきた。第 2 章以降の授業実践・研究報告の前に，ここで本プロジェクトの概要について記しておく。

3. 共同研究プロジェクト「古文教育に資する，コーパスを用いた教材の開発と学習指導法の研究」

(1)　プロジェクトの概要

本共同研究プロジェクトは，国立国語研究所の共同研究プロジェクトの一つとして，2016 年度から始まった。2018 年 1 月現在，日本国内の 10 名の研究者によって研究が進められている。

本プロジェクトでは，CHJ を活用した古文学習指導法と古文教材の開発研究を行っている。古文学習指導法の開発研究としては，主に中学校・高等学校の生徒を対象とした，CHJ を活用した古文学習指導法の開発を進めている。本プロジェクト研究者と中学校・高等学校の実践者が，共同で単元を作成し，授業を行っている。CHJ 活用の授業の実際を，本書第 3 章で報告する。

また古文教材の開発としては，『枕草子』などの定番教材を指導するための補助教材の作成や，『白雪姫』など独自の古文教材開発も行っている。これも本書第 3 章にてその成果を報告する。さらに古文単語集や古文文法集の設計を行うなど，コーパスの諸情報を生かした新たな教材の開発を行っている。本書第 4 章にてその一部を公開する。

また加えて，現場の教員や生徒が，直接使用できる簡易な古文検索ソフトの開発を行っている。本書では，その開発研究計画の一端を［補遺］として記している。

また別に，本研究内容を学校現場に広めることを目的としたワークショップを開催している。2017 年度には 2 度のワークショップを開催したが，国内外から多くの研究者が集まった。CHJ の国語教育活用への関心は今後ますます高まっていくことであろう。

(2)　プロジェクトの研究目的と意義

本プロジェクトの目的は，CHJ をはじめとした言語資源を活用し，国語教育の古文教育分野に資する，新たな教材の開発と学習指導法の研究を行うことにある。国語教育学におけるコーパス活用研究は，語彙や作文教育分野などでその成果が認知されているものの，古文教育分野においての研究や授業実践は行われていない。本プロジェクトによって開発する学習教材や指導法は，古文教育分野に新たな地平を開くものと期待できる。またすでに述べてきたように，新しい学習指導要領において，高等学校国語科の科目編成が大きく改訂された。古文の学習は新たに創設される科目である「言語文化」と「古典探究」で行われる。特に必履修科目となる「言語文化」は，「上代から近現代につながる我が国の言語文化への理解を深める科目」であるとされている。これはまさに，国立国語研究所で構築中の「通時コーパス」事業と理念を一にするものである。本共同研究は，新科目の内容形成の基盤となり得るものであり，研究の意義はきわめて高いと考えられる。

(3)　プロジェクト研究の背景

前節で，これから求められる言語文化の指導について詳しく述べた。ここでは，これからの古典の学びに求められる「自分の生活や生き方に生かす観点」について触れる。2016 年の「答申」には以下のようにある。

> 現行の学習指導要領では，国語科においても我が国や郷土が育んできた伝統文化に関する教育を充実したところであるが，引き続き，我が国の言語文化に親しみ，愛情を持って享受し，その担い手として言語文化を継承・発展させる態度を小・中・高等学校を通じて育成するため，伝統文化に関する学習を重視することが必要である。
>
> 伝統文化に関する学習については，小・中・高等学校を通じて，古典に親しん

だり，楽しんだり，古典の表現を味わったりする観点，古典についての理解を深める観点，古典を自分の生活や生き方に生かす観点，文字文化（書写を含む）についての理解を深める観点から整理を行い，改善を図ることが求められる。(「幼稚園，小学校，中学校，高等学校及び特別支援学校の学習指導要領等の改善及び必要な方策等について（答申）」2016年12月，129-130頁)

上記引用の「古典に親しんだり，楽しんだり，古典の表現を味わったりする観点，古典についての理解を深める観点」については，現行の学習指導要領の「伝統的な言語文化に関する事項」の項目にも取り入れられている。新しい学習指導要領では新たに，「古典を自分の生活や生き方に生かす観点」が求められている。これは新しい学習指導要領が，「何を」「どのように」学ぶかだけではなく，「何ができるようになるか」（育成を目指す資質・能力）を重視している点と対応している。これからは，現代を生きる子どもたちにとっての「古典を学ぶ意義」を明らかにする必要がある。その上で，古典の学びを現代の生活や生き方に生かす学習指導を構築していくことが求められている。言わば「閉じた古典」から「開いた古典」への転換である。

(4) 今後期待される研究成果

コーパスを活用した古文教育研究は，国語教育分野においてこれまで行われていない。本書をはじめとした本プロジェクトの成果発表によって，CHJという貴重な言語資源が，国語教育研究者に広く認知されることになると期待できる。また，コーパスを活用した古文授業の具体的な指導の方法を提示することで，現場の国語教員に対してコーパスの意義を広く知らせることができる。またさらに，コーパスを活用した古文単語集，文法集や辞書等を設計することで，教育関係者にコーパスの価値を明確に示すことができるだろう。

また別に本研究成果は，新しい学習指導要領における高校国語新科目「言語文化」の内容形成にあたり，国語施策関係者，教科書会社などに対して重要な参考資料として提供することになる。まもなく本格的に始まる新しい学習指導要領のもと，多くの研究者や教師が，本書に引き続き研究，実践を行うことで，言語文化としての古文教育が発展していくことであろう。

1.3
「通時コーパス」とその利用法

小木曽智信

1. 「日本語歴史コーパス」

「日本語歴史コーパス（The Corpus of Historical Japanese：CHJ）」とは，国立国語研究所で構築を行っているコーパスの名称である[2)]。コーパスとは，言語研究のために整備した大規模な用例データベースであり，国立国語研究所では現代の書き言葉を研究するための「現代日本語書き言葉均衡コーパス」や音声言語を研究するための「日本語話し言葉コーパス」など各種のコーパスを構築・公開している[3)]。CHJは，言語の歴史的な変化を研究することができるように，時代を通じて用例を探すことができるようにした通時コーパスとして設計されたものである。もともと日本語の研究を目的として作られているものであるが，収録されている資料には各時代の古典文学作品が多く含まれており，全文に付与されている単語などの情報とともに，国語教育に活用することができるものとなっている。

CHJは，上代（奈良時代）から近代（明治・大正）までを対象として，各時代の重要な日本語資料を収録することを目指している。2022年までに少なくとも図表1.5に示す資料をコーパスとして公開する予定である。現在のところ，本図表で☑で示したものがすでに公開されている（個々の作品名等については後

[2)] 国立国語研究所の共同研究プロジェクト「通時コーパスの設計」(2009年～2016年)，「通時コーパスの構築と日本語史研究の新展開」(2016年から6年間の予定）のなかで構築を行っている。

[3)] 国立国語研究所コーパス開発センターのホームページに詳しい情報がある。
http://pj.ninjal.ac.jp/corpus_center/

図表 1.5　CHJ の構築計画

奈良時代	☑万葉集　□宣命	
平安時代	☑仮名文学	□和歌
鎌倉時代	☑説話・随筆　☑日記・紀行　□軍記	
室町時代	☑狂言　☑キリシタン資料	
江戸時代	☑洒落本　□人情本　□近松	
明治・大正	☑雑誌　□教科書　□文学作品　□新聞	

述する)。

このコーパスの特長の一つは，収録したすべてのテキストに読み・品詞などの単語の情報が付与されていることである。言ってみれば，作品の本文のすべてが品詞分解されて古語辞典の見出しと関連づけられているようなデータになっているのである。そのため，従来，文学作品を調査するのに使われてきた紙の総索引の代わりになるだけでなく，より高度な検索や集計が行える。パソコン上で利用できるため，検索や集計が容易で，データの再利用もしやすい。

また，このコーパスの利点として，インターネット上の各種サービスにリンクしていることが挙げられる。個々の用例から，当該部分の現代語訳や原文画像データ，著者情報などをクリック一つで確認することができるようになっている。

CHJ は，年 2 回程度のペースでアップデートし，新しいデータの追加を行っている。最新の情報は，国立国語研究所の web ページで確認してほしい（https://pj.ninjal.ac.jp/corpus_center/chj/）。

2.　コーパスの利用方法

(1)　ユーザー登録

CHJ は，国立国語研究所のコーパス開発センターが運営している「中納言」（https://chunagon.ninjal.ac.jp/）というインターネット上のサービスを通じて利用することになる。このサービスは無料で一般公開されているが，利用するには最初にオンラインでユーザー登録を行う必要がある。

ユーザー登録は，「中納言」の登録ページ[4] で氏名やメールアドレス等を記入して行う。このとき登録したメールアドレスが「中納言」のユーザー名となる。また，本人確認のために，携帯電話のSMS（ショートメッセージ），またはハガキで登録コードを受け取る必要がある。

「中納言」ではCHJだけでなく，国立国語研究所の各種のコーパスを利用することができる。登録ページに各種コーパスの名前が並んでいるので，ここでコーパスごとに利用規約を確認し，「このコーパスの規約に同意して利用を申請する」をチェック，利用目的を記入する。

送信（Submit）ボタンをクリックすると，申込み内容をコーパス開発センターで確認した後に，登録したメールアドレスに登録用のURLが送られてくる。また，同時に携帯電話のSMSで登録コードが送られてくる（またはハガキが郵送されてくる）ので，ブラウザで登録用のURLを開いて登録コードを入力することで，ユーザーアカウントが作成される。

(2)　「中納言」の利用

作成したユーザーアカウントで「中納言」にログインしてCHJのページを開くと，図表1.6のような画面が現れる。

画面の「中納言」と大きく書かれた下に，「短単位検索」「長単位検索」「文字列検索」「位置検索」のタブが並んでいる。このうち最初の二つは，単語の情報を使った検索を行うもので，後述する形態論情報の知識が必要となる。まずは，最も簡単な「文字列検索」を試してみよう。

「文字列検索」は，コーパスから指定した文字列が出てくる箇所を探し出して用例を表示する機能である。ここで「美しい」と入力して検索ボタンをクリックしてみる。すると，画面下部に図表1.7のように用例が表示される。

「618件の検索結果が見つかりました。そのうち500件を表示しています。」とあるように，画面に表示されるのは500例までである。検索ボタンの代わりに「検索結果をダウンロード」をクリックすると，最大10万件までを一度にダウンロードすることができる。用例は，ランダムに抽出された500件が，年代順

---

[4] https://chunagon.ninjal.ac.jp/useraccount/register（「中納言」のトップページからリンクがある）

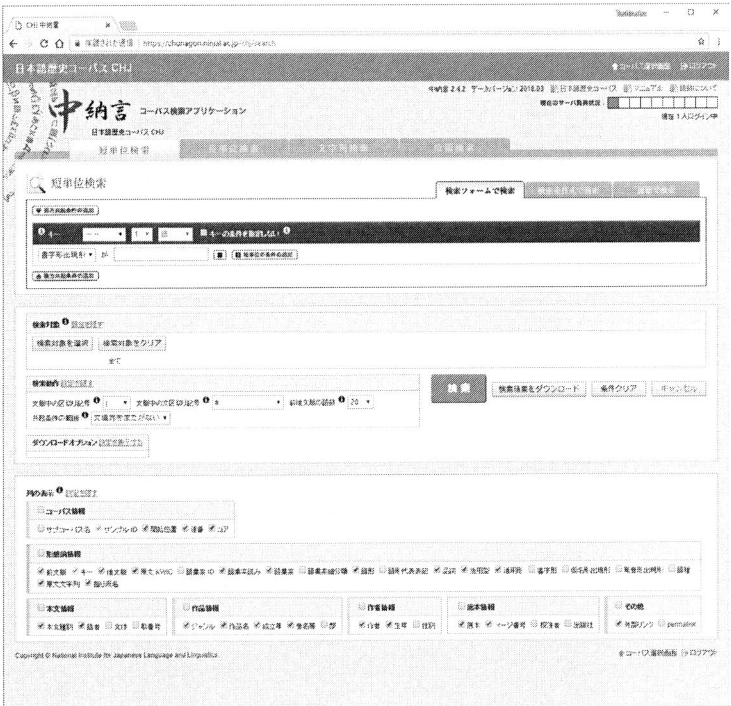

図表 1.6　「中納言」の CHJ 利用画面

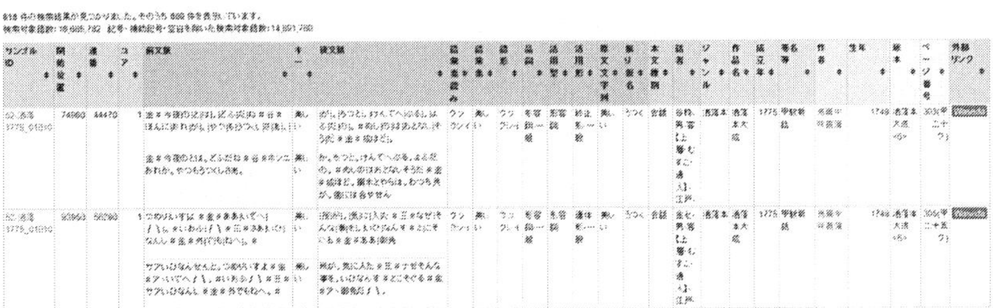

図表 1.7　「中納言」の検索結果例

に表示される。文字列検索「美しい」の結果は 618 件で，江戸時代以降の用例しか見当たらない。これは，実際に本文に「美しい」の 3 文字が連続して出ている用例を検索したからである。「美しき」「美しく」のような各活用形や，「うつくしい」とかな書きする例などを考えれば，単語としての「美しい」はもっと古くからあるはずだし，用例数はずっと多いはずである。このように単語の用例全部を探したい場合には，「短単位検索」のように形態論情報を使った検索を行う必要がある。

図表 1.7 の検索結果には，コーパス中の位置を示す情報，文脈付きの用例，形態論情報，本文情報，作品情報など様々な情報が並んでいるが，このうち［語彙素読み］［語彙素］［品詞］［活用形］などの情報を，検索に利用することができる。「美しい」の場合には図表 1.8 に示すような情報がついている。詳しくは後述するが，［語彙素読み］は国語辞典のかな見出しに相当し，［語彙素］はその代表表記にあたる。［語形］は文語・口語の違い（ウツクシ／ウツクシイ）や異語形を区別するもの，［活用型］は五段活用・上一段活用などの活用のタイプ，［活用形］は未然形・連用形などの活用形の情報である。

図表 1.8　「美しい」の形態論情報の一部

語彙素読み	語彙素	語形	品詞	活用型	活用形
ウツクシイ	美しい	ウツクシイ	形容詞-一般	形容詞	終止形-一般

「短単位検索」など形態論情報を使った検索では，これらの情報を利用して検索することができる。たとえば，語彙素が「美しい」であるものを検索することで，すべての活用形・すべての表記の「美しい」という語を探すことができるのである[5)]。

実際に「短単位検索」タブをクリックしてみると，図表 1.9 のような検索画面が現れる。図表 1.9 のように，メニューから検索対象として「語彙素」を選択し，隣のテキストボックスに「美しい」と入力する。これで，語彙素が「美しい」であるもの，すなわち「美しい」という語すべての用例を検索することができる[6)]。

実際に，この条件で検索ボタンをクリックしてみると，「1,784 件の検索結果

[5)] 品詞を検索に利用することで，すべての形容詞の用例を探すようなこともできるが，用例数が膨大となるため，検索対象の作品を限定する必要がある。

[6)]「美しい」は時代により意味の変化があるが，こうした場合にも現代語形・代表表記で語彙素を指定することでどの時代の用例も検索することができるようになっている。

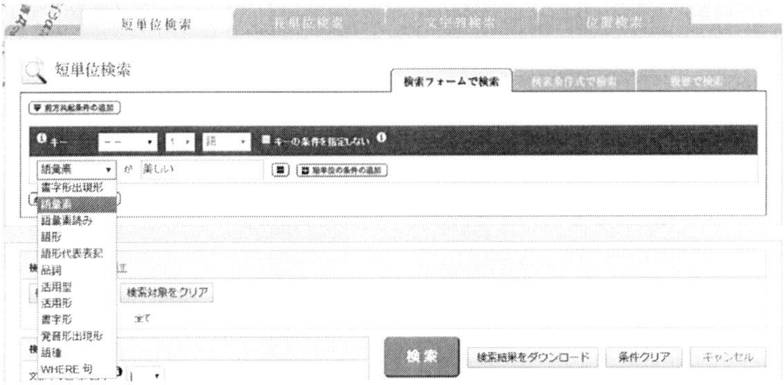

図表 1.9　短単位検索の検索条件指定

が見つかりました。」と表示され，文字列検索の時よりもずっと多くの用例が見つかる。古い例は万葉集からあり，本文では「愛しい」の表記があてられている（万葉仮名でも「愛」で表されることが多い）ことが分かる。また，出典情報から，最初の例は万葉集巻第三，大伴旅人の 438 番歌「愛しき人のまきてししきたへの我が手枕をまく人あらめや」であることが確かめられる。

形態論情報を使った検索では，さらに条件を追加して絞り込むこともできる。図表 1.9 の中央近くにある「短単位の条件の追加」ボタンをクリックし，活用形を条件として追加すると，「美しい」の連体形の用例だけを探すこともできる。

さらに，検索条件として前後に現れる別の語を追加することができる。たとえば，図表 1.9 に見える「前方共起条件の追加」ボタンをクリックして前方（キーから 1 語）に語彙素「いと」を追加すると，「いと＋美しい」の順で現れる用例を検索することができる（図表 1.10）。こうした前後の条件は最大 10 個追加

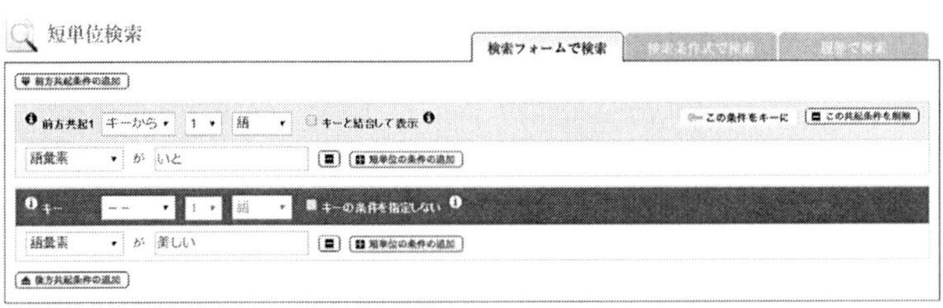

図表 1.10　前方共起条件を使った検索の例（「いと＋美しい」）

することができる。

このように，「中納言」は高度な検索機能を備えるため，やや複雑にはなるものの，従来では不可能だった検索が可能になっている。ただし，「中納言」には集計を行う機能はないため，集計を行うには検索結果をダウンロードしたうえで，Excel などの表計算ソフトを使う必要がある。表計算ソフトのピボットテーブル機能を使って，豊富な情報を利用して集計を行うのが便利である。

(3)　検索結果とその見方

「中納言」の検索結果には，40 項目を越える豊富な情報がついており，画面上の「列の表示」欄にあるチェックボックスをオン / オフすることで，各項目の表示・非表示を切り替えることができる。文脈付き用例のほかに，「コーパス情報」「形態論情報」「本文情報」「作品情報」「作者情報」「底本情報」「その他」があるが，この中で形態論情報以外で特に重要なものや，わかりにくいものについて解説する。

「コーパス情報」欄に［サンプル ID］［開始位置］［連番］がある。これらの情報はコーパス中の位置を示すものである。［サンプル ID］は作品章段などでまとめたコーパス中の単位である「サンプル」を示す ID である。［開始位置］は用例がサンプルの先頭から何文字目かを示す数字で，10 刻み（8 文字目であれば 80）で表示される。［連番］は，サンプルの先頭から何語目かを表す数字で，これも 10 刻みで表示される。

［サンプル ID］と［開始位置］をセットにすると，当該用例がコーパスの中のどの語であるかを一意に指し示すことができるので，コーパスの用例を表示する際には，この二つの情報を利用するとよい。最上段のタブにある「位置検索」では，この［サンプル ID］と［開始位置］から用例を再検索することができる。後述する［permalink］もこの位置情報によっている。

また，［コア］という情報があるが，これはそのサンプルの単語情報がどの程度の精度で付与されているのかを示す。この値が「1」となっている「コアデータ」は，用例の形態論情報の精度を十分に高めたものであるが，「0」となっている非コアデータは，コンピュータによる自動処理で形態論情報を付与した後，限られた範囲で修正を行ったものであり，単語の情報が誤って付与されている可能性があるので扱いに注意が必要である。

「本文情報」欄には，［文体種別］［話者］［文体］［歌番号］があるが，このうち［文体種別］は，当該の用例が現れた場所が地の文なのか会話文なのか和歌なのかといった区別を表示する。地の文の場合には何も表されず，会話文は「会話」と表示される。［話者］は会話の場合に誰が発話しているかを示すものだが，コーパスの底本でどのように表示されているかによる。『源氏物語』や狂言，洒落本などでは詳しい情報が付与されているが，話者情報のない作品もある。

「作者情報」欄には，［作者］［生年］［性別］がある。このうち［作者］は該当するレコードがある場合には国立国会図書館の著者情報[7]へのリンクが付与されている。

「その他」欄には，［外部リンク］［permalink］がある。［外部リンク］は，インターネット上の他のサービスへのリンクであり，小学館「新編日本古典文学全集」（以下「新編全集」）を底本とした作品の場合には，JapanKnowledge[8]のサービスを通じて新編全集の本文や頭注，現代語訳を確認することができる。また，『今昔物語集』や洒落本，近代雑誌等の用例では，原本の画像を公開しているインターネット上のサイトへのリンクがあり，当該箇所を確認することができる。

3. コーパスの収録作品等

CHJ は，大まかな時代・ジャンルごとに「鎌倉時代編Ⅰ説話・随筆」のようにサブコーパスというまとまりを作って公開している。現在までに公開されているサブコーパスごとの総語数，作品・資料名は下記の通りである。このうち，鎌倉時代編までは，すべて「新編全集」を底本としている。室町時代編以降の底本については説明を付した。

---

7) Web NDL Authorities。https://id.ndl.go.jp/auth/ndla

8) ネットアドバンス社のインターネット辞書・事典検索サイトで，有料会員制のサービス。https://japanknowledge.com/

・奈良時代編Ⅰ万葉集：約 100,000 語
　万葉集（全 20 巻）
・平安時代編：約 857,000 語
　古今和歌集・竹取物語・伊勢物語・大和物語・平中物語・土佐日記・落窪物語・堤中納言物語・枕草子・源氏物語・和泉式部日記・紫式部日記・更級日記・讃岐典侍日記・蜻蛉日記・大鏡
・鎌倉時代編Ⅰ説話・随筆：約 710,000 語（うち非コア 349,000 語）
　今昔物語集（本朝部）・宇治拾遺物語・十訓抄・方丈記・徒然草
・鎌倉時代編Ⅱ日記・紀行：約 110,000 語
　海道記・建礼門院右京太夫集・とはずがたり・十六夜日記・東関紀行
・室町時代編Ⅰ狂言：約 235,000 語
　『虎明本狂言集』（全）。大蔵流宗家，大蔵虎明の手になる狂言台本（寛永 19 年成立）。本文は，大塚光信編『大蔵虎明能狂言集　翻刻註解』清文堂による。
・室町時代編Ⅱキリシタン資料：約 123,000 語
　『天草版伊曽保物語』と『天草版平家物語』。大英図書館蔵本の影印からローマ字本文を書き起こし，ローマ字から独自の漢字かな交じり本文を作成して両者を併記したもの。
・江戸時代編Ⅰ洒落本：約 205,000 語
　中央公論社「洒落本大成」より 30 作品（大坂 10 作品，京都 10 作品，江戸 10 作品）を収録したもの。
・明治・大正編Ⅰ雑誌：1400 万語（※うち非コア 1344 万語）
　『明六雑誌』（全巻・1874,1875 年），『国民之友』（1887,1888 年分），『太陽』（1895，1901，1909，1917，1925 年分），『女学雑誌』（1894，1895 年分），『女学世界』（1909 年分），『婦人倶楽部』（1925 年分）[9]。いずれも原本を底本としている。

「中納言」では，「検索対象」欄の「検索対象を選択」ボタンで，これらのサ

[9] 従来，『明六雑誌コーパス』『国民之友コーパス』『太陽コーパス』『近代女性雑誌コーパス』として公開されていたものに単語情報を付与して再整備したもの。

ブコーパスや作品ごとに検索対象を指定することができる。[コア] や [本文種別] [文体], また『源氏物語』や『今昔物語集』では巻別に, 検索対象を限定することもできる。

なお, 上記の鎌倉時代編Ⅰの「今昔物語集」と明治・大正編Ⅰ雑誌の一部は, 形態論情報の修正が完全ではない非コアデータとなっているため検索結果を見る際に注意が必要である。それ以外のデータはすべてできる限りの修正を行ったコアデータとなっている。

4. コーパスの形態論情報と学校文法

(1) 語の区切り方

CHJ の特長の一つは, 全文に単語の情報 (形態論情報) が付けられていることである。しかし, 日本語は分かち書きがされないため, どこまでが一つの単語なのかという点について必ずしも決まった見方がない。とはいえ, 区切り方のルールが定まらないとコーパスを作ることができないため, 国立国語研究所では「短単位」と「長単位」という2種類の区切りを定めている。「短単位」は和語なら二つの形態素がくっついたものまで, 漢語なら原則として二字漢語までを一つの単位とする短い区切り方で, 語の組み立てから規定した小さな単位である。一方,「長単位」は実際の用例をまず文節に分割し, 個々の文節をさらに自立語部分と附属語部分に分割したもので, 構文的な組み立てから規定した単位である。どちらも, 区切り方に慣れてくれば誰でも同じように分割することができるように考えられている。ここで規程について詳しく説明することは煩雑になるので[10], コーパスを利用して実際の例を見ながら慣れてほしい。

以下では,「短単位」について基本的な部分を学校文法と比較しながら説明する。

---

[10] 短単位・長単位のルールは, 現代語については『現代日本語書き言葉均衡コーパス 形態論情報規程集第4版 (上・下)』にまとめられている。
http://pj.ninjal.ac.jp/corpus_center/bccwj/doc.html
また, 古文の規程については『日本語歴史コーパス 平安時代編 形態論情報規程集』などにまとめられている。http://pj.ninjal.ac.jp/corpus_center/chj/doc/morph-heian-2016.pdf

(2) 階層化された見出し

コーパス中の語には，図表1.11に示すように語彙素・語形・書字形の3段階の階層的な見出しがつけられており，必要に応じて使い分けられるようになっている。「語彙素」は国語辞典の見出しに相当する段階，「語形」は異語形や文語・口語の形や活用の違いを区別する段階，「書字形」は仮名書きや異体字などの異表記を区別する段階である。

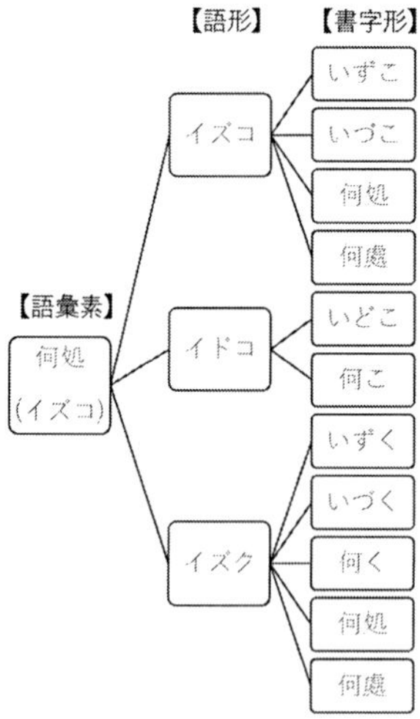

図表1.11　見出し語の階層構造

段階ごとに，次に示すように多くの情報が付与されている。また，これらの他に「発音形」が設けられている。

・語彙素レベル（語彙素・語彙素読み・語彙素細分類・語種）

・語形レベル（語形・品詞・活用型・活用形）

・書字形レベル（書字形・仮名形）

「中納言」では，これらの情報を使って（場合によってはこれらを組み合わせて）目的とする用例を検索することができる。

(3) 品詞と活用形

品詞は，大部分はいわゆる学校文法（国文法）と同じものが使われている。大分類としては，「名詞」「代名詞」「形状詞」「連体詞」「副詞」「接続詞」「感動詞」「動詞」「形容詞」「助動詞」「助詞」「接頭辞」「接尾辞」，それから「記号」「補助記号」「空白」などの記号類がある。学校文法との大きな違いは，「形容動詞」がない代わりに「形状詞」という品詞が立てられていること，記号類にまで品詞が与えられていることくらいである。ただし，表示の仕方などで一般的に用いられている品詞とは違いがあるため，一見するとずいぶん異なったものに見えるかもしれない。ここで，その違いについてまとめて説明しよう。

①階層的な品詞名

コーパスの品詞は，「名詞-普通名詞-一般」のようにハイフン区切りで「大分類-中分類-小分類」のように階層化されている。これによって，検索条件の指定の際に，名詞をすべて指定したり，固有名詞を除いた普通名詞だけを検索したりすることができるようになっている。表示の仕方が異なるだけで内容的には学校文法と大きな違いはない。

②形容動詞と「形状詞」

コーパスでは形容動詞に代わって「形状詞」という品詞を立てている。これは形容動詞語幹に相当するもので，「奇麗」や「愉快」などの語に相当する。学校文法では，「奇麗だ」や「愉快な」全体で一語の形容動詞として扱うが，コーパスでは「奇麗」「愉快」を形状詞，「だ」や「な」は名詞などにつく助動詞「だ」と同じものとして扱っている。

③漢語サ変動詞の取り扱い

学校文法では漢語サ変動詞を全体で１語の動詞として扱うが，コーパスでは，漢語サ変動詞を名詞（語幹）と動詞「する」に分割する。たとえば「研究する」は，コーパスでは「研究」と「する」の２語として扱われる[11]。

④可能性に基づく品詞付与

コーパスの短単位の品詞の一部には，「名詞-普通名詞-形状詞可能」のように「〇〇可能」という分類が付いているものがある。これは，たとえば「今日は元

---

[11] ただし，「愛する」のような一字漢語サ変動詞はコーパスでも１語として扱っている。

気がない」というように名詞としての用法を持つだけでなく，「元気な子供」というように形状詞（学校文法で言う形容動詞）としての用法もある「元気」のような言葉について，同じ一つの語として扱うためである。同様に「名詞-普通名詞-サ変可能」という分類の語は，名詞に加え，漢語サ変動詞としての用法をもつことを示している。

⑤活用型

品詞同様，活用のタイプを示す活用型も「下一段-ア行」のように階層化されている。学校文法では「ア行下一段」のように行を先に示すが，コーパスでは活用のタイプの違いを大分類としている。また，たとえば動詞「行く」の活用型が「五段-カ行-イク」となるように学校文法よりも細かく分類されている場合がある。これは，カ行五段活用動詞の中で「行く」に限って，「て」「た」が続く時に「行っ（た）」と促音便になる（普通は「引く」が「引い（た）」となるようにイ音便となる）という違いがあるためである。

⑥活用形

活用形についても，コーパスでは「連用形-一般」「連用形-イ音便」のように階層化されて示されている。このほか，コーパスでは動詞に助動詞「う」がついた形を動詞の意志推量形として扱っている。たとえば「飲もう」は学校文法では動詞「飲む」の未然形に助動詞「う」がついたものとして2語になるが，コーパスでは動詞「飲む」の意志推量形として1語となる。これは，たとえば「ビール飲も」のように「う」が切り出せない短呼形となる例があることなどによる。

このように，品詞などのコーパスの文法事項は，表面的な違いがあるものの，基本的に学校文法と同じ枠組みによっており，特に古典語については形状詞以外には大きな違いはない。したがって，国語教育における一般的な知識をそのまま活かして活用することができるはずである。

5. おわりに

以上，『日本語歴史コーパス』の設計と構築状況，利用法について概観してきた。収録作品の多くが国語教育で取り上げられる文学作品であり，「万葉集」から明治・大正の資料までをカバーしつつある。現時点では,「平家物語」「奥の細道」などが未収録であるが,近い将来に収録の予定である。コーパスが依拠する文法も学校文法にほぼ即したものであるため,「中納言」の操作に慣れさえすれば,教材開発やコーパスを活用した授業への応用が可能であろう。

通時コーパスは1千数百年にわたる日本の言語文化を見渡すことができる資料であると同時に,現代に即したデジタル機器やインターネットを活用した教材ともなり得るものである。今後国語教育の世界において広く活用されることを期待している。

第 2 章

授業をつくる

2.1
『竹取物語』の意訳から始める使用語彙の獲得
―単元「表現の幅　広いことかぎりなし」―

池上　尚・甲斐伊織

定型表現ゆえに特定の現代語に置き換えにくい「～事限り無し」は，意訳する学習に適している。この特徴を活かし，意訳を通した表現語彙の獲得・拡充を目標とした単元を構想・実践した。

1.　本文および解説

本文

船の行くにまかせ，海に漂ひて，五百日といふ辰の時ばかりに，海のなかに，はつかに山見ゆ。船の楫をなむ迫めて見る。海の上にただよへる山，いと大きにてあり。その山のさま，高くうるはし。これや我が求むる山ならむと思ひて，さすがに恐ろしくおぼえて，山のめぐりをさしめぐらして，二三日ばかり，見歩くに，天人のよそほひしたる女，山の中よりいで来て，銀の金鋺を持ちて，水を汲み歩く。これを見て，船より下りて，「この山の名を何とか申す」と問ふ。女，答へていはく，「これは，蓬莱の山なり」と答ふ。これを聞くに，嬉しきことかぎりなし。

解説

作品…　『竹取物語』

作者未詳。成立時期も未詳だが，10世紀前半，貞観（859～877）から延喜（901～923）までの間の成立と考えられている。今日まで伝わる最も古い物語。現代では，昔話「かぐや姫」として親しまれている。

章段…　「蓬莱の玉の枝」

かぐや姫に求婚する5人の貴公子の中の1人，倉持皇子が結婚の条件として求められていた「蓬莱の玉の枝」を得た状況を語る場面。中学校全5社の教科書に『竹取物語』が収められており，全社とも5人の貴公子からの求婚に触れている。本章段は2018年現在，光村図書の教科書にのみ原文・現代語訳が掲載されている。

2. これまでの研究・実践と課題

『竹取物語』は「中学校の入門期の古典教材」として位置づけられており，実践に際しては，単に精読によって内容を理解させるだけではなく，古典に親しませるとともに，言語活動を通して「ことばの力」をつけさせていく必要がある（島﨑 2015：47 頁）。本実践では，後述するような学習者の状況から，種々様々な訳文に触れさせたり，原文を現代語訳（意訳）させたりすることを通して，類義の語彙を多く身につけさせたいと考えた。そこで，複数の訳を許容する素材の一つとして「～事限り無し」を含む作品を提案する。

「～事限り無し」は常に名詞句「～事」の表す動作・状態の程度が大きいことを強調する，語りの定型表現となっている（藤井 1990）。この「動作・状態の程度が大きいことを強調する」表現を以下，「高程度表現」と呼ぶ[1)]。「～事限り無し」は，構造としては［題目語：事ハ］＋［主格補語：限りガ］＋［述語：無い］と分析できる。しかし，定型表現ゆえに特定の現代語には置き換えにくく，上接する名詞句を含めた「～事限り無し」全体を，文脈に沿って他の多様な表現に置き換える方が自然な現代語訳となる。実際，『新編 日本古典文学全集』などの現代語訳においても，逐語訳よりはるかに意訳が多いという訳出傾向が認められる。

①［女は］泣く泣くおこたりを言へど，いらへをだにせで，泣くこと限りなし。（堤中納言物語・495 頁）

現代語訳「［女は］いつ果てるともなく泣き沈む」

②夜一夜歌うたふにも，足柄なりし思ひ出でられて，あはれに恋しきことかぎりなし。（更級日記・293 頁）

現代語訳「［足柄の山中で会った遊女のことが］むしょうに懐かしく，恋しくてならなかった」

さらに，古典の意訳を考える過程では，学習者が日常的に使用する表現のみ

---

1) 厳密に言えば「高程度強調表現」となろうが，類義語「いと」「いみじ」などとの関連を今後検討することを見据えて，広義の「高程度表現」としておく。

に頼らず，未知の表現を発見・活用することで使用語彙を新たに獲得する機会にもしたい。学習者にとって日常的である話しことばにおける高程度表現は，いわゆる若者語として説明されるような「やばい」「超」「まじ」など限られた語で完結しやすい。改まり度が高くなる書きことばであっても，「とても」「すごく」「本当に」など数語の副詞類が加わる程度であろう。これらは，たとえば「とても嬉しい」のように，（被修飾語にある程度の制限はあっても）修飾語としての副詞類を付け加えれば被修飾語の程度性を一語で表現できるという分かりやすい面もある。しかし，その単純明快さに頼りすぎると，「嬉しくて嬉しくてたまらない」のような繰り返しによる高程度表現などを発想するに至らない。古典の中で「嬉しき事限り無し」と出会った時，慣れ親しんだ［修飾語—被修飾語］の構造で意訳するだけでなく，未知の表現の調べ学習などを通して，レトリックにも工夫を凝らした意訳を作り出すことを目指した。

3.　コーパスを活用した教材研究

(1)　用例の収集

「〜事限り無し」を含む作品・その該当箇所を『日本語歴史コーパス（CHJ)』の「平安時代編」「鎌倉時代編Ｉ説話・随筆」によって調査した。もちろん「限り無し」１語を対象とした単語レベルの検索ならば，既刊の索引でも対応できる。しかし，今回は「事」＋「限り無し」という２語以上の連続を対象としているため，複雑に検索条件を組み合わせられるコーパスを利用する。また，コーパスであれば「事限り無し」の上接語「〜」を検索対象とし，それを一覧できるリスト表の形式でエクセルファイルとして保存することもできる。これにより，効率的に教材としての適・不適を検討できるというメリットもある（3項(3)参照)。

(2)　「〜事限り無し」の調査

検索はすべて長単位検索により，検索対象は「平安時代編」「鎌倉時代編Ｉ　説話・随筆」に限定した。以下，検索条件Ａから順に検索をかけていき，「事限り無し」の上接語「〜」をキーにした用例を収集する。Ｂ・Ｃは「限り無し」が係助詞や読点などを介して「～事」を上接する場合を想定した検索条件である。Cを終えた段階で一度検索結果を精査し，キーが助動詞となっているものを洗い出す。これらは助動詞のさらなる上接語を調査する必要があるため，リスト表では集計対象外であることが分かるようにする。再検索の条件はD以下である。なお，再検索が必要となったのはAによる検索結果のみであったため，「～事」が「限り無し」に直接続く場合のみを検索条件に挙げている。

A「～＋事＋限り無し」
　キー：指定しない / 後方共起1：語彙素「事」/ 後方共起2：語彙素「限り無い」

B「～＋事＋～＋限り無し」
　キー：指定しない / 後方共起1：語彙素「事」/ 後方共起2：書字形出現形「%」/ 後方共起3：語彙素「限り無い」

C「～＋事＋～＋～＋限り無し」
　キー：指定しない / 後方共起1：語彙素「事」/ 後方共起2：書字形出現形「%」/ 後方共起3：書字形出現形「%」/ 後方共起4：語彙素「限り無い」

D「～＋助動詞＋事＋限り無し」
　キー：指定しない / 後方共起1：品詞「助動詞」/ 後方共起2：語彙素「事」/ 後方共起3：語彙素「限り無い」

E「～＋助動詞＋助動詞＋事＋限り無し」
　キー：指定しない / 後方共起1：品詞「助動詞」/ 後方共起2：品詞「助動詞」/ 後方共起3：語彙素「事」/ 後方共起4：語彙素「限り無い」

上記の検索条件によって得られた用例をリスト表形式でエクセルファイルとして保存した。これをピボットテーブルで集計し，上接語の品詞比率をまとめた（図表2.1）。図表2.1より，「平安時代編」「鎌倉時代編Ⅰ　説話・随筆」ともに，様態を表す形容詞・形状詞よりも動作を表す動詞を上接することが分かる。こうした上接品詞の偏りについては，早く山口（1969）による『今昔物語集』についての指摘がある。今回の調査により，動詞を上接しやすいという傾向が

2) 図表2.1中それぞれ孤例の2品詞は，誤解析によるものと考えられるため，ここでは言及しない。詳しくは，池上・甲斐（2017）の「注5」を参照されたい。

図表 2.1　「事限り無し」の上接語「〜」

品詞（大分類）	「平安時代編」		「鎌倉時代編Ⅰ」	
	頻度	比率（%）	頻度	比率（%）
形容詞	32	28.3	138	23.8
形状詞	6	5.3	17	2.9
名　詞	0	0.0	1	0.2
動　詞	75	66.4	422	72.9
解釈不明	0	0.0	1	0.2
総　計	113	100.0	579	100.0

共時的に認められることも分かった[2)]。

(3)　教材化にあたって

得られた「〜事限り無し」692例を内容・上接語の観点で取捨選択し，教材として適切なものを選定した。まず，話の内容が教育現場に適切かどうかを検討した。人を嘲笑する内容や性的・暴力描写など，実践を行う中学校で不適切と思われるものは今回扱わないことにした。

次に，「事限り無し」の上接語「〜」に着目し，多くの意訳バリエーションが出やすいものを抽出した。すなわち，意訳の手引きとして示す慣用句や四字熟語など（4項参照）が用いやすいものへの限定である。具体的には，喜怒哀楽をはじめとする感情表現を積極的に採用した。

教材化するに相応しい用例は，特に前者の観点によって大幅に絞られることになる。しかし，コーパスを利用して得た692例という大きな母数から選別するため，ある程度まとまった用例は残ることになる。素材を豊富に用意できるという点は，大規模調査による教材開発の一番の強みと言えよう。以上の2観点により選定した作品と「〜事限り無し」の該当箇所は次の5点である。『新編 日本古典文学全集』の見出し・頁を示す。

・『竹取物語』〔九〕阿倍御主人，火鼠の皮衣を入手「［火鼠の皮衣が］けうらなることかぎりなし」39頁
・『堤中納言物語』「虫めづる姫君」〔一〕親もさじをなげる毛虫好きのお姫様「親たち［姫君を］かしづきたまふこと限りなし」407頁

・『紫式部日記』〔一一〕安産を待ち望む人々—九月十一日「[殿が一心に仏の加護を祈っている様子が] 頼もしげなること限りなき」132 頁
・『更級日記』〔六〕富士川の古老の物語に興ず「[清見が関の景色は] おもしろきことかぎりなし」289 ～ 290 頁
・『今昔物語集』巻第二十八第四十四・近江の国の篠原の墓穴に入る男の語「[暗闇で何者かが近づき] 男,「怖シ」ト思フ事無限シ」278 ～ 279 頁

4.　学習指導計画と授業実践

教材開発のための用例収集は池上，単元構想は池上と甲斐，実際の授業の実践は甲斐がそれぞれ行った。

単 元 名　表現の幅　広いことかぎりなし—様々な高程度表現に触れる

実践時期　2017 年 2 月（全 8 時間）

学 習 者　本単元の実践対象となったのは学習院中等科 1 年生である。学習者は本単元実践に至るまでに，教科書に採録されている『竹取物語』や『伊曾保物語』の学習を通じ古典に親しんでいる。各作品を扱った際には歴史的仮名遣いや古語と現代語の相異への理解に重点を置いていた。いずれも古典学習の入門期における基礎事項であり，その習得は重要な学習課題である。

しかし一方で，一つの現代語訳によってのみ原文を理解していく学習は，古語の持つ意味の幅を狭めてしまいかねない。そこで本単元では，古語は様々な現代語訳が可能であることを学習者に実感させたいと考えた。ただし，いかなる現代語訳も許容されるわけではなく，文脈に応じて適・不適があることも理解させたい。以上の点は，古典作品の学習のみならず学習者が表現活動を行っていく上でも効果的に作用すると考えられる。2 項で指摘した高程度表現の語彙に乏しいことは，本単元の実践の対象となった学習者にも共通する課題である。古典作品を活用しながら幅広い使用語彙を学習者に獲得させたいと考え，本単元を構想した。

目標・古典作品の表現に親しみを持つことができる。
・資料を活用しながら，文脈に沿う現代語訳を考えることができる。
・他の学習者の作品から，高程度表現の幅を実感することができる。

・文脈を踏まえ現代語訳の適・不適の理由を説明することができる。

・他の学習者の現代語訳を用いて，適切な用例を作成することができる。

学習の実際

【単元への導入】　古典の現代語訳は画一的なものではなく，様々な表現が許容されることを示し，古語の持つ意味の幅を実感する。

単元への導入として，毎月配布している国語教室通信において，現代語訳の幅について取り上げた。具体的には，昔話の「こぶとりじいさん」の原典である説話が『宇治拾遺物語』の「鬼に瘤とらるること」にあることを示した。そして，「鬼に瘤とらるること」の一部分とそれに対応する「一般的な訳」として，『新編　日本古典文学全集』の現代語訳を確認した。

その後，作家・町田康による現代語訳「こぶとりじいさん」（池澤夏樹編『日本文学全集 日本霊異記 / 今昔物語 / 宇治拾遺物語 / 発心集』河出書房，2015年）を紹介した。学習者は，これまでに目にしたことのない現代語訳のありかたに驚いた様子であった。国語教室通信によって，古典の現代語訳とは画一的なものではないこと，読み手によって表現の差異が生じることを説明した。

ただし，作家による現代語訳は，古典の現代語訳だけではなく，原典には存在しない作家の創作部分も多く存在する。今回の単元では，作家の創作の部分には目を向けず，あくまで現代語訳の表現に着目することを伝えた。

【第1次】「嬉しきことかぎりなし」を例に多様な訳出方法を知り，自分でも複数個現代語訳を考える（2時間）。

［一］『竹取物語』の「嬉しきことかぎりなし」部分と，当該箇所の現代語訳5点を配布し，それを参考に各自で現代語訳を考える（第1時）。

学習者が二学期に学習している『竹取物語』から，倉持皇子の冒険譚にある「嬉しきことかぎりなし」部分と，当該箇所の現代語訳5点（片桐洋一他校注 / 訳『新編　日本古典文学全集 12』（小学館，1994年），田辺聖子『現代語訳 竹取物語 伊勢物語』（岩波書店，2014年），川端康成『現代語訳 竹取物語』（非凡閣，1937年（引用は新潮社，1998年）），池澤夏樹編・森見登美彦訳『日本文学全集 3』（河出書房新社，2016年），星新一『竹取物語』（角川文庫，1987年））を配布した。学習者は配布資料を読み，多様な訳出方法があることを実感したようだった。その後，以下6観点から学習者自身でも現代語訳するよう指示した。

①故事成語・四字熟語で，②ことわざ・慣用句で，③比喩を使って，
④友達にくだけた言い方で，⑤“嬉しかった”を使わずに，⑥その他任意で。

訳する際には辞書のほか国語資料集を活用するよう指示した。また，「とても」「すごく」など，程度を表す副詞の言い換えにならないよう注意した。学習者全員が持っている国語資料集は，故事成語や四字熟語，ことわざ，慣用句，比喩が一覧にまとめられている。これにより，自分の既有知識のみで訳を考えるのではなく，様々な表現に出会える。

本時の学習活動は，意訳というやや難易度の高い学習であったため，よりていねいな手引き作りが今後の課題として残った。「ことかぎりなし」の上接語「嬉しき」を含めた高程度表現全体を意訳するということが重要であり，「天にも昇る思いだ」のようにレトリックに富んだ現代語訳を目指したいところである。しかし実際には，上接語「嬉しき」の類義語に高程度を表す副詞類を組み合わせた「とても喜んだ」のような，日常一般に使用する表現以外思いつかないという学習者も多かった。後者のような現代語訳は避けるよう注意喚起は行っていたものの，学習者の手元に置く手引きにおいても，具体例を示すなどの工夫が必要であった。

[二]　学習者から出された現代語訳の中で適訳・不適訳それぞれを例示し，現代語訳には文脈に即して適・不適があることを理解する（第2時）。

前時に提出された「嬉しきことかぎりなし」の現代語訳の中から，適訳・不適訳をそれぞれ示した。たとえば，適訳として「天にも昇るような気持ちだった・胸の奥から嬉しさが湧き上がってきた・手のまい足の踏むところを知らず喜んだ」などを挙げ，一方の不適訳として「棚からぼた餅だった・渡りに船と喜んだ・抱腹絶倒した」などを挙げた。学習者には「嬉しい」という感情が大きいことを表す同じ言葉であっても，文脈によって不適なものもあることを伝えた。

第1次での学習活動は，第2次で学習者が個別の資料を担当する際の練習の役割を担う。文脈によって適・不適を判断する必要があるということが，第2次における学習活動の前提となる。

【第2次】「ことかぎりなし」が用いられている五つの古典作品を読み，その後，班ごとに担当作品1点について適訳・不適訳を示す（3時間）。

[一]「ことかぎりなし」が含まれる作品5点を資料として提示し，「ことかぎりなし」が用いられている箇所とその現代語訳の確認を行う（第3時）。

第2次では，最初に『竹取物語』『堤中納言物語』『紫式部日記』『更級日記』『今昔物語集』の一部が掲載された資料を配布した。配布した箇所は，3項（3）に示した通りである。資料には，作品全体の概要と「ことかぎりなし」が用いられている箇所の原文，頭注，現代語訳，および「ことかぎりなし」の上接語の古語辞書の記述が掲載されている（資料1：原文・頭注・現代語訳は『新編 日本古典文学全集 紫式部日記』132頁（JapanKnowledge），上接語の古語辞書部分は『全訳読解古語辞典 第三版小型版』（三省堂，2007年）より引用）。

資料配布後，各作品の概要を実践者から説明した。その後，各自で資料を読み込んでいく。第3時は資料全体を読みながら，掲載されている箇所の全体の内容および「ことかぎりなし」の対象を理解する時間とした。

[二] 担当作品を割り振り「ことかぎりなし」の現代語訳を考える（第4時）。

学習者に5点の作品の担当を割り振る。担当は席順による実践者の指定とし

資料1　各班への配布資料

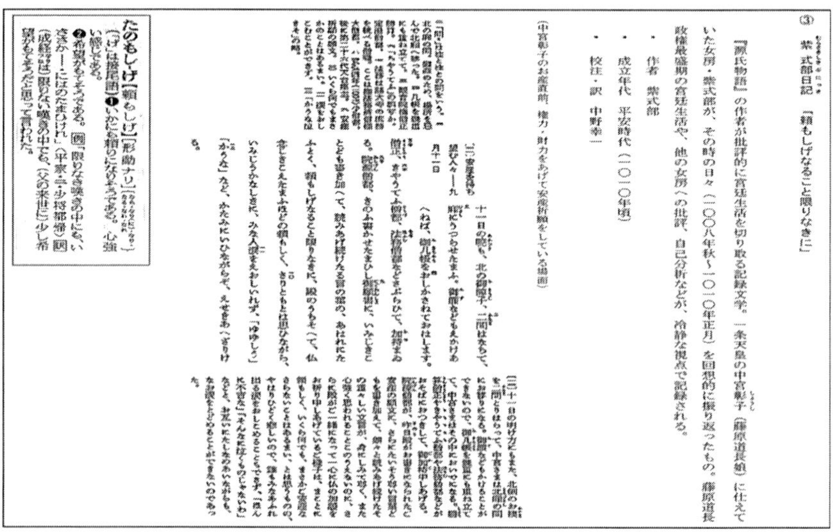
③ 紫式部日記 「頼もしげなること限りなきに」

『源氏物語』の作者が批評的に宮廷生活を切り取る記録文学。一条天皇の中宮彰子（藤原道長娘）に仕えていた女房・紫式部が，その時の日々（一〇〇八年秋～一〇一〇年正月）を回想的に振り返ったもの。藤原道長政権最盛期の宮廷生活や，他の女房への批評，自己分析などが，冷静な視点で記録される。

・作者　紫式部
・成立年代　平安時代（一〇一〇年頃）
・校注・訳　中野幸一

（中宮彰子のお産直前，権力・財力をあげて安産祈願をしている場面）

十一日の暁も，北の御障子，二間はなちて，廂にうつらせたまふ。御簾などもえかけあへねば，御几帳をおしかさねておはします。僧正，きやうてふ僧都，法務僧都などさぶらひて，加持まゐる。院源僧都，きのふ書かせたまひし御願書に，いみじきことども書き加へて，読みあげ続けたる言の葉の，あはれにたふとく，頼もしげなること限りなきに，殿のうちそへて，仏念じきこえたまふほどの頼もしく，さりともとは思ひながら，いみじうかなしきに，みな人涙をえおしいれず，「ゆゆしう」「かうな」など，かたみにいひながらぞ，えせきあへざりける。

たのもし・げ【頼もしげ】［形動ナリ］（「げ」は接尾語）❶いかにも頼りになりそうである。心強い様子である。❷希望がもてそうである。

た。学習者は担当作品の「ことかぎりなし」部分の現代語訳を複数考える。その際，第1次で行った現代語訳の6観点を活用するよう指示した。学習者は一度行っている学習活動であるので，国語資料集の当該部分を参照したり，辞書で「ことかぎりなし」の上接語の現代語訳を調べ，意味を確認したりしていた。

第1次と同様に程度の副詞の入れ替えにならないよう注意をし，学習者は各自で担当作品における「ことかぎりなし」の現代語訳を考えた。最低でも五つは現代語訳を考えるよう伝え，第4時終了時にその成果を全員分集めた。

[三]　集めた現代語訳に対して，実践者が適否を判断した上で，班で「ことかぎりなし」の適訳・不適訳を選ぶ（第5時）。

前時に提出された「ことかぎりなし」の訳について，指導者が全く不適であると判断したものには×印を，文脈に即すると不適と判断したものについては△印をつけ，返却した。その後，各自の現代語訳を班で共有した。班の他の学習者の訳を知ることで，自分が思いつかなかった訳や知らなかった表現と出会い，驚く様子が見られた。班で，適訳5点と△印がつけられた不適訳1点を選ぶ。不適訳は「なぜ不適訳なのか」を考え，その理由を述べる。班活動の手引きには，第1次で扱った「嬉しきことかぎりなし」を例として提示した。

学習者は，自分たちの班で不適と実践者によって判断されたものの中から一つを選び，その理由について辞書などを参考に考察する。班によっては，適訳が足りない班や，不適訳が存在しない場合がある。その際には，実践者が適訳を示唆したり，不適訳を指定したりした。たとえば不適訳では『竹取物語』の「けうらなることかぎりなし」の現代語訳として，「眉目秀麗で輝かしい」という例を挙げた。資料の「けうらなることかぎりなし」の対象は火鼠の皮衣である。「眉目秀麗」は人の容姿について述べる言葉であるため，この場合は不適訳となる。指導者が個別に支援しながらこのような説明を各班で完成させていった。

【第3次】「ことかぎりなし」の多様な訳出方法を知り，その適・不適について理解した上で活用してみる（3時間）。

[一]　班で適訳5点・不適訳1点とその理由をまとめ，提出されたものを冊子にして配布し，全体を読む（第6時）。

各班による適・不適の現代語訳集を「〇集・△集」と題しまとめた（資料

資料2　「○集・△集」の例

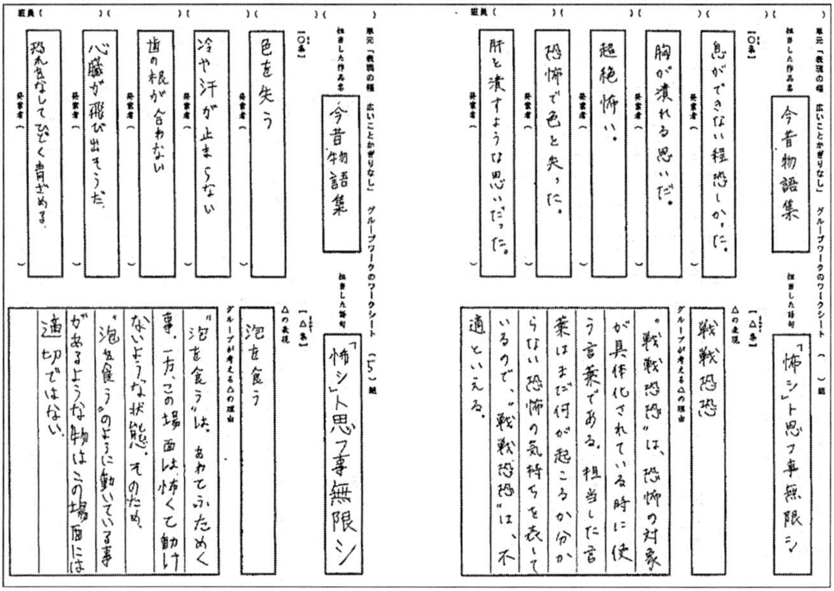
班員（　）（　）（　）（　）（　）
単元「表現の幅　広いことかぎりなし」グループワークのワークシート【5】班
抽出した作品名
今昔物語集
【○集】
色を失う
冷や汗が止まらない
歯の根が合わない
心臓が飛び出そうだ
恐れをなしてひどく青ざめる
発案者（　）
抽出した語句
「怖シ」ト思フ事無限シ
【△集】
△の表現
泡を食う
グループが考える△の理由
"泡を食う"は、あわてふためく事。一方、この場面は怖くて動けないような状態。そのため、"泡を食う"のように動いている事があるような物はこの場面には適切ではない。
班員（　）（　）（　）（　）（　）
単元「表現の幅　広いことかぎりなし」グループワークのワークシート（　）班
抽出した作品名
今昔物語集
【○集】
息ができない程恐しかった。
胸が潰れる思いだ。
超絶怖い。
恐怖で色を失った。
肝を潰すような思いだった。
発案者（　）
抽出した語句
「怖シ」ト思フ事無限シ
【△集】
△の表現
戦戦恐恐
グループが考える△の理由
"戦戦恐恐"は、恐怖の対象が具体化されている時に使う言葉である。相当した言葉はまだ何が起こるか分からない恐怖の気持ちを表しているので、"戦戦恐恐"は、不適といえる。

2)。学習者の現代語訳にすべて委ねるのではなく，指導者が班での話し合いの前に適・不適を判断していることから，現代語訳の正確さはある程度担保される。学習者はこの資料を読み，「ことかぎりなし」の現代語訳の幅の広さを実感するとともに，不適訳がなぜ不適であるのかを理解する。

［二］　適訳から選んだ3点の表現を用いて短い創作文を作成する（第7時）。

表現の幅の広さを実感するだけではなく，実際にその表現を活用することにより学習者の使用語彙を豊富にしていくことを目指した。そこで，適訳の中から使ってみたい表現3点を選び，80～120字の創作文をそれぞれ作成させた。創作文を作成する際には，選択した表現を用いる文脈を正確に捉えられるよう辞書や国語資料集などを活用するよう指示した。学習者にとっては中学校入学後初めての創作文作成であった。思いつかない学習者に対しては，用いてみたい表現を話し合いながら決定し，「ことかぎりなし」の現代語訳が指し示す対象を考えさせ，書き出しを示すなどの支援を行った。その結果，学習者全員が3点の表現を選択し，創作文を作成することができた。

［三］ 創作文の名作選を共有し，単元を振り返る（第8時）。

前時に作成した創作文の中で，的確に表現が用いられており，かつ内容がユニークなものを各クラス8点ずつ指導者が選び，全体で共有した。学習者は表現の使われる状況などを他の学習者の作品によって学んでいる様子であった。紹介した創作文の一部は次のようなものである。

古典の原文 『更級日記』「［清見が関の景色は］おもしろきことかぎりなし」

選んだ現代語訳 「その景色は思わず息を呑んでしまう美しさであった」

創作文 「我が家にPS4がやってきた。プレイしてみると，これがゲームだとは信じられなかった。地平の彼方まで広がる草原やモンスター達，遮る太陽の光。その景色は思わず息を呑んでしまう美しさであった。現実世界と見分けがつかない。科学の力ってすげー。」

創作文を共有した後，単元全体の振り返りを行った。

5. 今後の課題

本稿では，『CHJ』を活用した定型表現「～事限り無し」の教材化の方法を提案し，中学1年生を対象に行った単元「表現の幅　広いことかぎりなし—さまざまな高程度表現に触れる」の授業実践について報告した。本単元において行った「～事限り無し」のような単語レベルを超えた表現の網羅的調査は，複雑な検索条件を要求できるコーパスならではの教材開発といえる。コーパスの活用により効率よく資料を収集できれば，授業で使用する手引き作りに多くの時間を割けるようになる。

平成29年版中学校学習指導要領では，第1学年において「古典には様々な種類の作品があることを知ること」が挙げられている。本単元では，『竹取物語』を出発点として，日記から説話まで「様々な種類の作品」と学習者を出会わせることができた。複数の作品をつないでいるのは，一つの表現である。コーパスは，これまで相互の関連が見えにくい作品群に，表現のつながりを可視化するものとしての役割が期待できるだろう。

参考文献

池上　尚・甲斐伊織（2017）「高程度表現「～事限り無し」に着目した授業実践の試み―『日本語歴史コーパス』を活用して」『埼玉大学国語教育論叢』20。
島﨑敦子（2015）「「竹取物語」実践事例の検討：1990年代以降を中心に」『九州国語教育学会紀要』4。
藤井俊博（1990）「事限り無し考」『京都橘女子大学研究紀要』17（藤井俊博（2003）『今昔物語集の表現形成』和泉書院・所収）
山口仲美（1969）「今昔物語集の文体に関する一考察―「事無限シ」をめぐって―」『国語学』79（山口仲美（1984）『平安文学の文体の研究』明治書院・所収）

[付記]

本稿は池上・甲斐（2017）に加筆・修正を加えたものである。本研究の一部は，平成28年度科学研究費補助金（若手研究（B）15K16764「統語・意味情報付き形容詞を実装した通時コーパスによる中古形容詞の意味・用法研究」）によるものである。

2.2
現代とつながる『枕草子』の言葉
―春はなぜ「あけぼの」なのか。秋はなぜ「夕暮れ」なのか―

河内昭浩

まず「あけぼの」や「夕暮れ」などの重要語彙を検討する。コーパスによるデータの抽出方法を示すとともに，語彙の現代とのつながりについて考察する。その上で，中学校現場での学習指導計画と実際の授業実践を報告する。

1. 本文および解説

本文

春はあけぼの。やうやう白くなりゆく山ぎは，少しあかりて，紫だちたる雲の細くたなびきたる。

夏は夜。月の頃はさらなり。闇もなほ，蛍のおほく飛びちがひたる。また，ただ一つ二つなど，ほのかにうち光りて行くもをかし。雨など降るもをかし。

秋は夕暮れ。夕日のさして山の端いと近うなりたるに，烏の，寝どころへ行くとて，三つ四つ，二つ三つなど飛び急ぐさへあはれなり。まいて，雁などのつらねたるが，いと小さく見ゆるは，いとをかし。日入り果てて，風のおと，虫の音など，はた言ふべきにあらず。

冬はつとめて。雪の降りたるは言ふべきにもあらず，霜のいと白きも，またさらでもいと寒きに，火など急ぎおこして，炭持てわたるも，いとつきづきし。昼になりて，ぬるくゆるびもていけば，火桶の火も，白き灰がちになりてわろし。

解説

作者…　清少納言

「清少納言」とは，宮仕えの際に与えられた呼び名である。「清」は「清原」から来たものと推定される。父清原元輔は『後撰和歌集』の編者もつとめた当時著名な歌人であった。「少納言」と呼ばれた理由は今日明らかではない。

正暦4（993）年頃，一条天皇中宮定子のもとに出仕し，長保2（1000）年の定子崩御まで宮仕えを続けていたものと考えられている。退仕後は定かではないが不遇が伝えられている。

作品…　『枕草子』

長徳元（995）年から2（996）年頃には初稿がまとめられていたものと推測されている。書名の由来は諸説ある。跋文（後書き）とみられる章段に，「枕にこそは侍らめ（それは枕でございましょう）」と定子に応じて紙に書き残したとある。

「…は」「…もの」で始まる類聚的章段，出来事を記録した日記的章段，自由な感想を記した随想的章段に分類される。

章段…　「春はあけぼの」

『枕草子』冒頭の段。季節ごとに異なる情景を提示している。

現在，小学校，中学校ともに全5社の教科書に収められている。また高等学校の教科書にも一部掲載されている。

2.　これまでの研究・実践と課題

(1)　「春はあけぼの」の言語活動

「春はあけぼの」を用いた言語活動として，小・中学校の教科書に，同じような「書くこと」の活動が提示されている。

・わたし風「枕草子」を書く（小5）
・自分流「枕草子」を書こう（中2）

いずれも「春はあけぼの」の本文を読解後，自分なりに季節と照応すると思える風物を挙げ，文章化していくという活動である。こうした「春はあけぼの」を通じた書くことの指導は，渡辺（2007）にまとめられた『枕草子』の実践事例にも見ることができる。これまでも多くの教室で行われてきたことであろう。

この言語活動では，学習者と作者の，季節の感じ方の共通点や相違点を見出させ，現代と古典とのつながりを感じさせることがねらいとなる。1000年前に生きた作者に共感することで，学習者は古典への親近感を高めることができるだろう。ただし学習者自身が挙げる季節の風物には，それほどの独自性は見られないと想像される。実際，筆者の勤務校の大学生に同様の活動を試みたが，「夏は海」「冬はこたつ」など，多くの人が共通に理解できる事物を挙げる学生がほとんどであった。しかし果たしてそれで本当に，「春はあけぼの」を読解したうえでの活動になるのだろうか。この活動に「深さ」を与えるためには，教師にも学習者にも必要な知識があるのではないだろうか。

⑵　「典型からの逸脱」という知識

次に，2013 年度版の中学校教科書（東京書籍）の「春はあけぼの」に付されているコラムを紹介する。

> 古典の文章は，その時代の人々に共通の美意識を踏まえて書かれています。清少納言の時代には，四季を特徴づける風物は，次のようなものが代表的であるとされてきました。
>
> 春…梅・鶯・桜・蛙・山吹　　夏…時鳥・蛍
>
> 秋…月・紅葉・萩・鹿・虫　　冬…雪　（91 頁）

上記のことについて，古典文学研究者の立場からも同様に，「春はあけぼの」の本質は，「典型からの逸脱」であるとの指摘がなされている（藤本 2003)。つまり，「春はあけぼの」で示された季節の風物は，当時の人々の共通理解を前提とした逸脱だということになる。そうしたことを理解させずに，現代の学習者に自由に季節の風物を，「夏は海」「冬はこたつ」などと書かせても，それは『枕草子』を読んだうえでの書く活動とはいえないであろう。まず，共通理解といえる現代の季節の風物について考えさせる。次に，学習者独自の風物を考え

16 件の検索結果が見つかりました。
検索対象語数：1,013,024　記号･補助記号･空白を除いた検索対象語数：856,827

サンプル ID	開始位置	連番	コア	前文脈	キー	後文脈	語彙素読み
20-蜻蛉 0974_00006	55530	34020	1	まかでぬべし」と書きて、苔ついたる松の枝につけてものす。#	曙	を見れば、霧か雲かと見ゆるもの立ちわたりて、あはれに心すごし。#昼	アケボノ
20-枕草 1001_00001	40	40	1	春は	あけぼの	。#やうやうしろくなりゆく山ぎは、すこしあかりて、紫だちたる雲のほそくたなびきたる。	アケボノ
20-和泉 1010_00001	48720	28710	1	。# 女、道すがら、「あやしの歩きや。#人いかに思はむ」と思ふ。#	あけぼの	の御姿の、なべてならず見えつるも、思ひ出でられて、#「宵にと	アケボノ
20-源氏 1010_00002	189950	110960	1	。#月は有明にて光をさまれるものから、かげさやかに見えて、なかなかをかしき	あけぼの	なり。#何心なき空のけしきも、ただ見る人から、艶にもすごくも見ゆる	アケボノ
20-源氏 1010_00010	142230	81090	1	をかしくおはせしなど語らせたまふに、我もうちとけて、野宮のあはれなりし	曙	もみな聞こえ出でたまひてけり。# 二十日の月やうやうさし出でて、をかしきほど	アケボノ
20-源氏 1010_00013	97230	57190	1	むも、人目つつましければ、二三日隔てつつ、つれづれなる夕暮、もしはものあはれなる	曙	などやうに紛らはして、をりをり人も同じ心に見知りぬべきほど推しはかりて	アケボノ
20-源氏 1010_00019	116670	66580	1	ゐたまへる夕映えいとめでたし。#昔の御事ども、かの野宮に立ちわづらひし	曙	などを聞こえ出でたまふ、いとものあはれと思したり。#宮も、「かくれば」と	アケボノ
20-源氏 1010_00019	137910	78840	1	「女御の、秋に心を寄せたまへりしもあはれに、君の春の	曙	に心しめたまへるもことわりにこそあれ。#時々につけたる木草の花に寄せ	アケボノ
20-源氏 1010_00023	27490	15680	1	に心おきて思す。#南の殿には、まして めざましがる人々あり。# まだ	曙	のほどに渡りたまひぬ。#かくしもあるまじき夜深さぞかしと思ふに、なごり	アケボノ
20-源氏 1010_00023	60020	34510	1	もいづれも劣らぬ袖口ども、こぼれ出でたるこちたさ、物の色あひなども、	曙	の空に春の錦たち出でにける霞の中かと見わたさる。#あやしく	アケボノ
20-源氏 1010_00028	7420	4600	1	に紛るべくもあらず、気高くきよらに、さとにほふ心地して、春の	曙	の霞の間より、おもしろき樺桜の咲き乱れたるを見る心地す。#あぢきなく、見	アケボノ
20-源氏 1010_00041	10880	6290	1	、夜もすがら、夢にても、またはいかならむ世にかと思しつづけらる。#	曙	にしも、曹司に下るる女房なるべし、「いみじうも積もりにける雪かな」と	アケボノ

図表 2.2　「あけぼの」検索画面（一部）

させ，読み手を納得させられる根拠とともに文章化させる。そのうえで，「春はあけぼの」との共通点や相違点について考えさせるとよいだろう。

また，こうした平安期の共通理解を，コーパスを用いることで実証的に確認することができる。CHJ で平安期の作品を対象にして，「あけぼの」の語を検索すると図表 2.2 の通りである。検索画面の一部を示す。

「あけぼの」の語は，『枕草子』以前には『蜻蛉日記』に 1 件見られるのみである。また『枕草子』でも，「春はあけぼの。」の一文以外では用いられていない。ちなみに，梅は 117 件，鶯は 86 件，桜は 142 件，平安期の作品に出現する。コーパスを用いることで，「あけぼの」の語が，平安時代の共通の美意識ではないことを実証的に確認することができる。

(3)　語彙への着目

大村はま（1983）では，『枕草子』の単元学習（「古典への門―枕草子によって」）の中で，『枕草子』の中の語彙を，以下の三つの観点で生徒に研究させている。大村が行った授業で取り上げられた語彙を以下に示す。

・現在使われなくなった古語…「いと」「いみじ」
・形は同じでも意味が今は違っていることば…「あはれ」「をかし」
・今も同じ意味で使われていることば…「春」「夏」「秋」「冬」「夕暮れ」

CHJ 並びに「現代日本語書き言葉均衡コーパス（BCCWJ）」における，大村実践で取り上げられた語彙の出現数は図表 2.3 の通りである。

図表 2.3　CHJ 並びに BCCWJ における語彙出現数

	夕暮れ	春	夏	秋	冬	あはれ	をかし	いと	いみじ
CHJ	309	2160	1215	1870	886	2956	2207	8410	2500
BCCWJ	714	7532	9464	6936	6343	1101	6320	110	106

BCCWJ の結果を見ると，「いと」も「いみじ」も，現代語の中でも使用されていることが分かる。コーパス内の用例を見ると，「いと」は擬古文における使用のみで，現代語で使用されているとはいえない。現代語としての使用はないという意味で，大村の示した観点にあるように，「いと」は「現在使われなくな

った古語」ということができる。一方，「いみじ」のほとんどは「いみじくも」（まさに）といった形で現在用いられている。古典の「いみじ」とは意味・用法が異なる。しかし現代語の中で確かに使用されており，「いみじ」は，現在使われなくなったというよりは，「形も意味も今は違っていることば」といった分類がより適当であろう。このようにコーパスを活用することで，語彙の現代とのつながりを，確かな用例とともにとらえることができる。

こうしたコーパスによる検索を教材研究で行い，新たな古典の指導法の開発に生かしていければと考えている。

3.　コーパスを活用した教材研究

(1)　形態素解析

まずは「春はあけぼの」本文の形態素解析を行う。形態素解析とは，文章を最小単位である形態素に分割して，品詞等の情報を得る作業である。

形態素解析には，国立国語研究所コーパス開発センターのホームページ上で公開されている「web 茶豆」（http：//chamame.ninjal.ac.jp/）という解析ツールを用いる。「web 茶豆」上に「春はあけぼの」本文を入力する。「中古和文辞書」（中古和文 UniDic）を選択して解析を実行すると，図表 2.4 のようなデータが得られる。

こうした作業でまず，一語一語の品詞等の基本情報を得ることができる。そして，本文全体の文法事項を確認することができる。形態素解析の情報につい

図表 2.4　「春はあけぼの」形態素解析・一部

書字形	語彙素	語彙素読み	品詞	大分類	中分類	小分類	活用型	活用形
春	春	ハル	名詞-普通名詞-副詞可能	名詞	普通名詞	副詞可能		
は	は	ハ	助詞-係助詞	助詞	係助詞			
あけぼの	曙	アケボノ	名詞-普通名詞-一般	名詞	普通名詞	一般		
。	。		補助記号-句点	補助記号	句点			
やうやう	漸う	ヨウヨウ	副詞	副詞				
白く	白い	シロイ	形容詞-一般	形容詞	一般		文語形容詞-ク	連用形-一般
なり	成る	ナル	動詞-非自立可能	動詞	非自立可能		文語四段-ラ行	連用形-一般
ゆく	行く	イク	動詞-非自立可能	動詞	非自立可能		文語四段-カ行	連体形-一般
山ぎは	山際	ヤマギワ	名詞-普通名詞-一般	名詞	普通名詞	一般		
、	、		補助記号-読点	補助記号	読点			
少し	少し	スコシ	副詞	副詞				
あかり	明かる	アカル	動詞-一般	動詞	一般		文語四段-ラ行	連用形-一般
て	て	テ	助詞-接続助詞	助詞	接続助詞			

ては，まず教師の教材研究としての活用が考えられる。また高校生が自学自習において，本文の品詞分解の解答を確認するために用いることもできるであろう。

また，形態素解析の情報を見ることで気づくこともある。

ここでは「春はあけぼの」に出現する形容詞を取り上げる。出現する形容詞とその数は以下の通りである。

「春はあけぼの」形容詞（14）…　をかし（3），白し（3），ぬるし（1），寒し（1），近し（1），細し（1），小さし（1），多し（1），つきづきし（1），わろし（1）

一般に，『枕草子』は「をかしの文学」であると言われる。「春はあけぼの」の中にも，「をかし」は3回出現する。教科書でも脚注欄に挙げられ，語釈がつけられることが多い。一方，同様に3回出現する形容詞に「白し」がある。この「白し」は，「春はあけぼの」中で，場面によって意味が異なっている。

（ア）　春はあけぼの。やうやう白くなりゆく（だんだん明るくなっていく）
（イ）　霜のいと白きも（霜が大変白く）
（ウ）　白き灰がちになりて（白い灰が多くなって）

（イ）（ウ）が，それぞれ霜，灰が白くなる様子を表しているのに対し，（ア）は，空が明るくなっていく状態を表している。空が，色として「白」になっているわけではない。先述したように「あけぼの」の語は，共通理解からの逸脱を示す，「春はあけぼの」本文を理解する上での最重要語である。その「あけぼの」の空を表しているのが，この「白し」である。そうした重要語であるにもかかわらず，脚注欄にこの「白し」の説明を施す教科書はない。（ア）については，教師側からの説明があるべきだろう。形態素解析の情報から，こうした指導すべき語を発見することもできる。

(2)　重要語彙の検討

ここでは大村が授業で用いた語彙について，さらにコーパスを用いて検討してみたい（図表2.5）。

図表 2.5 「春」「夏」「秋」「冬」

	平安	鎌倉	室町	明治大正	BCCWJ	図書館	ブログ
春	319	59	**47**	**1735**	7532	2078	1482
夏	59	52	11	1093	**9464**	**2613**	**1741**
秋	**380**	**71**	20	1399	6936	1917	1410
冬	74	33	11	768	6343	1751	1186

「平安」から「明治大正」は，CHJ による検索である。またBCCWJ の総検索数の後に，BCCWJ のサブコーパスである「図書館」（書籍の書き言葉），「ブログ」（インターネット上の書き言葉）の結果を付記している。

明治大正までは四季の中で，「春」「秋」の数が多いのに対し，現代のBCCWJ では「夏」が最も多い。また別に，平安から明治大正までは「冬」の数が他と比べて明らかに少ないが，現代語では「秋」と「冬」が拮抗している。

過去と現代では，季節への志向に変化が生じているのかもしれない。またそもそも現代における「季節」と何だろうか。清少納言は，季節の風物を意図的にずらして提示してみせた。しかし現代に起きている事象は，季節そのもののずれである。春も夏も，必ずしもかつてのものと同じとはいえない（しばしば春は短く，夏は暑すぎる）。「環境問題」という視点で季節をとらえ，「春はあけぼの」を読む。そうした新たな「春はあけぼの」の読みも考えられる。コーパスのデータによる気づきが，新たな学習指導法を生み出してくれる。

次に，「夕暮れ」の語について分析していく。「夕暮れ」の語には，「今も同じ意味で使われていることば」であるという実感を持つ人が多いだろう。辞書には「夕方，日のくれるころ。ひぐれ。たそがれ」（日本国語大辞典）とあり，類義語の「夕方」「ひぐれ」「たそがれ」と並べられている。

図表 2.6 「夕暮れ」

	平安	鎌倉	室町	明治大正	BCCWJ	図書館	ブログ
夕暮れ	**97**	**37**	0	**175**	714	277	113
夕方	3	12	0	172	**3590**	**1015**	**1168**
日暮れ	2	5	0	56	148	69	7
黄昏	3	0	1	61	225	108	20

図表2.6を見ると，時代とともに「夕暮れ」から「夕方」へと使用語彙が変化しているように思われる。「夕暮れ」は確かに「今も同じ意味で使われていることば」ではあるが，「今は使われる機会が減っていることば」なのかもしれない。

『枕草子』には，「夕暮れ」が8回，「夕方」が1回現れる。「ひぐれ」「たそがれ」は出現しない。用例を見ると，「夕暮れ」の語が，「いみじ」「かしこし」といった肯定評価を表す語とともに用いられている。「夕方」に比べ「夕暮れ」には，風景の価値判断や，その風景を見た時の心情がこめられることが多いのかもしれない。ちなみに『古今和歌集』には，「夕暮れ」の語を含む歌が八首ある。「夕方」は歌には詠まれていない。またいうまでもなく，『新古今和歌集』所収の「三夕の和歌」[3] の「夕」は，いずれも「夕暮れ」である。

コーパスの用例を用いることで，辞書を引くだけではわからない類義語の違いについて考えさせることができる。加えて，古典から現代へと貫く通時のコーパスを用いることで，時代による違いも考えさせることができる。

4.　学習指導計画と授業実践

1～3項までの教材研究を踏まえ，実際に中学校第2学年の生徒を対象に，言葉に着目した「春はあけぼの」の授業を行った。直近に，中学校教諭による通常の読解の授業が行われた。それを受け，「春はあけぼの」の発展的授業として，CHJを活用した授業を行った。以下に，実際の学習指導の概要と生徒の記録を記す。

(1)　実施時期など

①実施時期：2017年11月

②授業対象：群馬県A中学校第2学年

---

[3] 新古今和歌集所収の，「秋の夕暮れ」を結びとする三首の和歌。
さびしさはその色としもなかりけり槙立つ山の秋の夕暮れ（寂蓮）
心なき身にもあはれは知られけりしぎ立つ沢の秋の夕暮れ（西行）
見渡せば花も紅葉もなかりけり浦の苫屋の秋の夕暮れ（定家）

(2) 本時の目標

古典の言葉（「春はあけぼの」に表れる言葉（「あけぼの」「夕暮れ」）に着目し，自分なりのものの見方や考え方を持つことができる。

(3) 授業準備

ワークシート（季節における平安時代の共通理解について，夕方の類義語について），教科書，スクリーン，プロジェクター，PC（パワーポイント資料）

(4) 本時のめあて：古典の言葉について考えよう

中めあて①：筆者がなぜ「春はあけぼのがいい」と言ったのかを考えよう
中めあて②：筆者がなぜ「秋は夕暮れがいい」と言ったのかを考えよう

(5) 展 開

	学 習 活 動	指導上の留意点
めあて （10 分）	○古典に関する意識調査に答える。古典が好きか嫌いか，その理由を答える。 ・古典が嫌い，言葉が分からない，面白くないなど ○「春はあけぼの」を音読する。	○古典の意識調査（アンケート）を行う。 ・多くの生徒が古典に否定的に答えると予想される。 ○範読の後，一斉音読をさせる。直近の既習の文章であり，多くの生徒が適切に音読できると予想されるが，現在仮名遣い等で読み方が曖昧と判断できた個所については，正しい読みの確認をする。
展開 1 （15 分）	○本時の中めあて①（筆者がなぜ「春はあけぼのがいい」と言ったのかを考えよう）をつかむ （問①「春」といえば何を思い起こすか） ・桜，入学式，暖かいなど （問②自分なりの春の風物を考えてみよう） （問③筆者はなぜ「春はあけぼのがいい」と言ったのか，想像してみよう）	○「あけぼの」が特異な表現であることを理解させる。 ・春といえば何を思い起こすか，ワークシートに記入させ，挙手にて発表させる。 ・「日本語歴史コーパス」から得られたデータである，春の共起語を示す。インターネットを通じて「中納言」を用いて実際に検索してみせる。 ・一般的なイメージとは異なる春の風物を考えさせ，挙手で発表させる。 ・「春はあけぼの」とした作者の意図に

		ついて，想像でかまわないとし，自由な発言を求める。
展開2 (15分)	○本時のめあて②（なぜ作者は「春」は「夕暮れ」といったのかを考えよう）をつかむ (問④「夕暮れ」と「夕方」の違いについて感想を述べ合おう) (問⑤作者はなぜ「秋は夕暮れがよい」と言ったのか，想像してみよう)	○「夕方」との比較を通して，「夕暮れ」の語が抒情性や文学性を含む語であることを理解させる。 ・「夕暮れ」の辞書の説明を示し，辞書の意味上では，「夕暮れ」と「夕方」の区別がつかないことを示す。 ・「夕暮れ」と「夕方」の違いについて，周囲の者と話し合いをさせ，自分なりの感じ方をワークシートに記入させる。 ・通時コーパスを活用し，『枕草子』内の「夕暮れ」と「夕方」の使用例を示す。また参考として「三夕の歌」を示す。それらから「夕暮れ」の語の叙情性，文学性に気づかせたい。
振り返り (10分)	○古典のことばと現代のことばのつながりを知る ○本時を振り返る	○言葉に着目するという古典の学びの視点に気づかせる ・「春はあけぼの」の語の多くが現代でも使われている語であることを示す。 ・「春はあけぼの」の現代語との違いについて考えさせる。 ○本時の振り返りを記入させる。本時で学んだことに加え，疑問に思ったことや，今後考えてみたいことなどについても記入させる。

(6)　生徒の記録（1クラス分33名の記録）

（古典の意識調査）

・好き：11名，嫌い：10名，どちらでもない：12名

（嫌い，どちらでもないの主な理由）

・面白くない　・親しみがない　・覚える用語が多い

・内容は理解できるが言葉が理解できないなど

（問①：「春」といえば何を思い起こすか　丸数字は回答数）

・桜　・色　・暖かい　・ランドセル

（問②：自分なりの春の風物を考えてみよう）

・青空　・アイス　・変化　・虹　・風　・通学路，等

（問③作者はなぜ「春はあけぼのがいい」と言ったのか）

・読み手に強い印象を与えるため　・インパクトを与えるため，等

（問⑤作者はなぜ「秋は夕暮れがいい」と言ったのか）

・夕暮れの方が，景色が浮かびやすい。　・夕暮れの方が，言葉の響きがいい。

（振り返り：古典の意識調査で「どちらでもない」と答えた生徒の振り返り）

・今でも使われている言葉やそうでない言葉について，またいろいろな言葉についてもっと詳しく調べたいと思った。

・清少納言の工夫について想像することができた。教えてもらったサイトにアクセスして，より古典への興味を持てるようにしたい。

(7) 考察と今後の課題

初めに「春」といえばと問われた際，ほとんどの生徒が「桜」と答えていた。しかし「あけぼの」の語の特異性を学ぶことで，改めて自分なりの「春」を考えることができていた。言葉に着目した学びの成果といえる。

しかし「あけぼの」や「夕暮れ」についての考察は，不十分なものであった。ある生徒が振り返りで「もっと詳しく調べたい」と述べている。言葉のみに終わらせずに，主体的な学びにつなげる次の機会を作る必要がある。

5. 今後の課題

「春はあけぼの」は小・中・高等学校で学ぶ機会のある教材である。各校種での学びを整理する必要がある。それぞれの校種の中で，コーパスを活用した言葉の学びの機会を定め，言語文化として「春はあけぼの」の学びを構築していきたい。

引用・参考文献

大村はま（1983）「古典への門─枕草子によって」『大村はま国語教室第3巻』筑摩書房，181-213頁。

藤本宗利（2003）「『春はあけぼの』を活かすために─古典教材としての新たなる試み」『〈新しい作品論へ〉，〈新しい教材論へ〉［古典編］3』右文書院，147-168頁。

渡辺春美（2005）「古典の学習指導」『朝倉国語教育講座2 読むことの教育』朝倉書店，135-

156頁。
渡辺春美（2007）「中学校における『枕草子』の学習指導」『戦後における中学校古典学習指導の考究』渓水社，229-250頁。

2.3
発話から出会う『源氏物語』の人々
—単元「源氏物語　人物図鑑」—

池上　尚・甲斐伊織

中学生が『源氏物語』を読む糸口として，登場人物の発話に着目した。老若男女，幅広い人物が用いる終助詞「かな」を含む発話を集め，その現代語訳を通して『源氏物語』に出会い，発話と人物像の関係を考察する実践を行った。

1.　本文および解説

本文

親王の御筋にて，かの人にも通ひきこえたるにやと，いとどあはれに見まほし。人のほどもあてにをかしう，なかなかのさかしら心なく，うち語らひて心のままに教へ生ほし立てて見ばやと思す。「いとあはれにものしたまふことかな。それはとどめたまふ形見もなきか」と，幼かりつる行く方の，なほたしかに知らまほしくて，問ひたまへば，「亡くなりはべりしほどにこそはべりしか。それも女にてぞ。それにつけてもの思ひのもよほしになむ，齢の末に思ひたまへ嘆きはべるめる」と聞こえたまふ。

解説

作者…　紫式部

漢学者・歌人の藤原為時の娘であり，幼い頃から文学・学問の素養に恵まれていた。『源氏物語』が評判になると，藤原道長の推薦によって一条天皇の中宮彰子（道長の娘）に仕えることになる。

作品…　『源氏物語』

時の帝と桐壺更衣との間に生まれた絶世の美男子・光源氏の君とその子・薫の君を主人公にした親子四代にわたる大長編物語。主人公光源氏の愛の遍歴と栄華から，過去の罪に対する運命の皮肉に苦しむ生涯を描く前半と，薫を主人公にした宇治十帖とよばれる後半から成る。

章段…　「若紫」

病気治療のため，田舎までやって来た光源氏。そこで見かけたのは，源氏が恋い焦がれる藤壺によく似た少女・若紫だった。若紫は幼い頃に母を亡くし，祖母である尼と暮らしている。何とかして彼女を自分の手元に置いておきたくなった光源氏は，尼の兄で，若紫の保護者である僧都から，若紫の現在の家庭状況を尋ねている場面である。

2018年度用高等学校「古典B」の全9社の教科書には『源氏物語』「若紫」の章段が掲載されている。ただし，上記の場面を採録している教科書はなく，全て源氏が若紫を初めて目にする「垣間見」の場面が取り上げられている。なお，2018年現在，中学校全5社の教科書で源氏物語を独立した教材として採録しているものはないが，「古典・近代文学の名作」（光村図書）のように概要と冒頭部分が資料として示されているものはある。

2.　これまでの研究・実践と課題

(1)　中学校で『源氏物語』を扱うこと

『源氏物語』は中学校の古典学習において主たる教材となっていない。その要因として，物語全体が長編であることや当時の結婚の様子や王朝文化，さらには道ならぬ恋などが内容として存在し，中学生にとっては難解であることなどが考えられる。しかし，上述のように高等学校「古典B」の教科書にすべて採録されていることを踏まえるならば，中学校段階で作品に触れておくことは中学・高等学校の学習の系統の観点から考えると意義があると考えられる。加えて，『源氏物語』には現代にも通じる人間の機微が描かれており，それを読むことは中学生の段階でも早すぎることはないと考えた。

原文をそのまま教材とするならば，『源氏物語』は中学生にとって親しみにくい作品となるだろう。しかし，平成29年度版中学校学習指導要領の「指導計画の作成と内容の取扱い」の教材に関する留意事項には「(5)　古典に関する教材については，古典の原文に加え，古典の現代語訳，古典について解説した文章などを取り上げること」と示されている。現代語訳や物語の概要を示した文章を活用しながら『源氏物語』を扱えば，中学生にとっても親しみやすくなる。以上のことから，原文を示しつつ，現代語訳や登場人物についての資料を活用しながら，実践を行うことにした。

(2)　登場人物の発話への着目

『源氏物語』に親しむ方法として，数多く登場する人物を理解することが挙げられる。登場人物に着目した高等学校における『源氏物語』の実践はこれまでにも蓄積されてきている（渡辺 2008）。登場人物を個別に取り上げた近年の実践として早野（2015）がある。早野は高校生を対象として，登場人物 15 名について「原文と現代語訳をペアとして解釈を求めること」「人物関係図をまとめる」「人物の年表」「登場人物を現代の有名人と比較する」（14 頁）の各項目について考察し，新聞にまとめる実践を報告している。

早野の実践は『新編 日本古典文学全集』（小学館）の 1 ～ 4 巻を資料として用いているが，中学生が同じ分量を扱うことは難しい。登場人物の人物像を中学生が考察する糸口として，本単元では発話に着目することにした。ただし，登場人物のすべての発話を扱うことは現実的ではない。そのため，個別に配布する資料によって人物像の概略を踏まえた上で，具体的な場面における発話を現代語訳する学習活動を構想した。これにより，『源氏物語』の原文に触れながら，学習者が人物像に迫ることを目指した。

もちろん，一つの発話を取り出しただけでは，その人物の断片的な一面しか捉えていないことになる。しかし，原文を現代語訳していく過程において，学習者は人物像や場面・状況を踏まえなければならない。資料によって知り得た人物像が表出する一場面として発話を位置づけ，教材開発を行った。

(3)　発話における終助詞「かな」

様々な人物が登場する『源氏物語』は，発話だけでもその延べ語数は 132,619 語（空白・記号・補助記号を除く）に上る。そのため，発話の中から具体的にどの語を考察の観点として選定するかが重要になる。古典にも特定の人物像を想起させる「役割語」に通ずる表現はあり（金水 2008 など），それらを採用するのも面白い。しかし，本実践では原文の段階で特定の位相のマーカーとなる「役割語」のような表現ではなく，話し言葉らしさを示しながら，言わば無色透明な表現を教材とすることにした。その一つに，『源氏物語』において，老若男女問わず最も多くの人物が発話中で用いる終助詞「かな」が挙げられる。終助詞「かな」が意味する，自己の感情表出としての「詠嘆」[3] は，登場人物の人となりや文脈を十分に理解しなければ現代語訳することができない。同じ終助詞「かな」でありながら，その登場人物らしさを如実に表す現代語訳とはどのようなものか，人物像と発話との関係を考察する学習が期待できる。

3. コーパスを活用した教材研究

(1) 用例の収集

『源氏物語』（宇治十帖を除く）の発話に出現する終助詞「かな」を，『日本語歴史コーパス 平安時代編』の短単位検索によって調査した。［検索対象を選択］をクリックし，「平安時代編」の［源氏物語］にチェックを入れると全ての帖にチェックが入るので，宇治十帖（橋姫から夢浮橋まで）のチェックを外す。次に，［本文種別］の［会話］にチェックを入れる。その上で，キーに［語彙素］が「哉」と入力し，検索をかける。検索結果はピボットテーブルで集計し，発話者ごとの表としてまとめる（図表2.7）。

図表2.7　『源氏物語』発話者別終助詞「かな」

話者	頻度
源氏	90
夕霧	12
帝	6
女房	6
紫の上	5
柏木	4
大宮	4
内大臣	3
玉鬘	3
鬚黒大将	3
命婦	3
明石の君	2
馬頭	2
供人	2
落葉の宮	2
蛍宮	2
大納言	2
僧都	2

(2) 教材化にあたって

上記の検索により230例の用例が得られた。まず行ったのは，発話者の選択である。『源氏物語』に親しむ上で必要な人物，かつ現代語訳の差異が明らかになる性別や年齢の幅を考慮した。具体的な発話の場面の検討である。場面の設定が複雑ではなく，中学生でも理解しやすいと思われる箇所を選択した。その結果選択した人物と発話は図表2.8に示した通りである。

発話に限定して当該の語句を即座に収集でき，ピボットテーブルを活用する

---

3) 西田（2012）では，「詠嘆」として理解できない用例を指摘し，話し手の「感想」を伝えるものであるとする。

図表 2.8　教材として選択した人物と発話

名前	発話がある帖	当時の年齢	性別	発　話	発話当時の光源氏の年齢
惟光	夕顔	20	男	まづいとめづらかなることにもはべるかな	17
北山の尼君	若紫	不明（70 前後？）	女	いとかたじけなきわざにもはべるかな	18
頭中将	末摘花	22	男	こよなき御朝寝かな	19
明石の入道	明石	不明（60 前後？）	男	後の世に願ひはべる所のありさまも、思うたまへやらるる夜のさまかな	28
紫の上	澪標	20	女	あはれなりし世のありさまかな	29
花散里	玉鬘	不明（35 前後？）	女	姫君の一ところものしたまふがさうざうしきに、よきことかな	35
夕霧	藤裏葉	18	男	あはれを知りたまはぬも、さまことなるわざかな	39
朱雀院	若菜 上	45	男	かく思ひしみたまへる別れのたへがたくもあるかな	41
女三宮	若菜 上	13〜15	女	いとうたてあることをも言ふかな	41
光源氏	幻	52	男	独り寝常よりもさびしかりつる夜のさまかな	―

ことでそれを発話者ごとに整理できる点が，教材開発においてコーパスを利用することの意義として挙げられる。

4. 授業実践

教材開発のための用例収集は池上，単元構想は池上と甲斐，実際の授業の実践は甲斐がそれぞれ行った。

単 元 名　源氏物語　人物図鑑

実践時期　2018 年 1 月（全 5 時間）

学 習 者　本単元の実践対象となったのは，学習院中等科 2 年生であり，本章 1 節に採録された単元「表現の幅　広いこと限りなし―様々な高程度表現に触れる」を第1学年時に経験した学習者である。第2学年1学期では，教科書に採録されている小説『卒業ホームラン』（重松清）を扱い，発話から人物像を考察するという学習活動を行った。学習者は，登場人物のおかれている状況を踏まえて，言い方や内容から発話の背景にある心情や登場人物の価値観を考察し，各自の考える登場人物の人物像を示した。この学習活動によって，学習者は人物像を考察する一つの観点として，発話があることを実感している。

発話から人物像を考えるという上記の学習活動を踏まえ，人物像を把握した上で発話を考えるという，いわば逆方向の学習活動によって，人物像と発話の関連について双方向の考察が可能になる。本単元は，上記の学習者の状況を踏まえ，『源氏物語』に親しませると同時に発話と人物像の関係について考察させることを目指して単元を構想した。

目標　・『源氏物語』に興味を持ち，概要を理解できる。
- 人物像によって言葉遣いが異なることを踏まえて，『源氏物語』の登場人物の発話をその人物の人物像に即して現代語訳できる。
- 他の学習者による表現に触れ，古典の現代語訳の幅を実感できる。
- 人物像と発話（言葉）の関係について考察することができる。

学習の実際

【単元への導入】　人物像によって言葉遣いが異なることを具体例と共に実感し，「役割語」の機能を知る（1時間）。

本単元の導入段階では，国語教室通信（本章1節参照）で「役割語」を取り上げた。具体的には金水（2003）を参考にしながら，「そうじゃ，わしが知っておる。」や「そうよ，あたしが知ってるわ。」という発話から人物像を学習者に考えさせた。普段，マンガやアニメを通して「役割語」に接している学習者は，発話と人物像の結びつきに興味を持った様子であった。この学習活動によって，人物像と発話とは密接に関連していること，および発話には「役割語」が表出することを確認した。

【第1次】『源氏物語』の概要と登場人物の相関関係を知る（1時間）。

［一］　映像によって『源氏物語』の概要を知った上で，多彩な登場人物とその描き分けが作品の魅力の一つであると理解する（第1時）。

『源氏物語』への導入として，映像資料を用いた。映像は「NHK for school」における「10 min. ボックス 古典・漢文 源氏物語」を使用した。「NHK for school」は，NHK が制作した学習用映像教材を配信しており，インターネット環境があればどの教室でも利用することができる。同映像には「参考教材」[4] が付されており，その中で「『源氏物語』の魅力のひとつは，リアリティー豊かな人物描写である。数百人に上る登場人物は，身分も性格も様ざまに描き分けられている。」と指摘されている。この言葉から多彩な人物が登場することを示し，図表 2.8 に挙げた 10 名の人物を取り上げることを伝えた。学習者は，普段は接することの少ない恋愛が色濃く描かれた作品に戸惑ったり，『源氏物語』に登場する人物の多さとその関係の複雑さに驚いたりする様子が見られた。

[二] 指導者が設定した班分けによって決定した担当する人物と，主人公・光源氏との関係を人物相関図によって知る（第 1 時）。

分担する 10 名の人物と発話を人物相関図とともに示した。担当する人物は，指導者が席順によってあらかじめ決めておいた。本校は 40 名 1 クラスが基本であるため，本単元ではペアワークを行うこととした。1 名の登場人物につき 2 ペア 4 名が担当することになる。学習者はまず，自分の担当する人物が人物相関図のどこにいるかを探し，主人公である光源氏との関係を探っていた。正妻となる女三宮や乳母子であり家臣である惟光の関係性は分かりやすいものの，異母兄弟の朱雀帝や紫の上の祖母にあたる北山の尼君を担当した者は理解するのに時間を要していた。光源氏との関係を正確に理解することが本単元の前提であるため，10 名の人物と光源氏との関係については全体で共有した。

【第 2 次】 担当する人物の発話を手引きに従って現代語訳する（2 時間）。

[一] 指導者による作品例・手引きを読み，学習の流れを掴む（第 2 時）。

指導者の例として示したのは，1 項で取り上げた場面における「いとあはれにものしたまふことかな」である。人物の発話を現代語訳するために，「発話者の人物像」「発話場面の概要」「発話場面の本文」「作家等による現代語訳例」

---

[4] http://www.nhk.or.jp/kokugo/10 min_kobun/shiryou/2014_004_01_shiryou.html より（2018/2/12 最終閲覧）。

「発話における古語の意味」，以上5点の情報が必要であると考えた。各情報の出典は次の通りである。「発話者の人物像」は，源氏物語研究会『登場人物で読む源氏物語』（KADOKAWA，2014）と瀬戸内寂聴『源氏物語の脇役たち』（岩波書店，2000）から人物像を考察する上で参考となる箇所を引用した。「発話場面の概要」は指導者が作成し，「発話場面の本文」はJapanKnowledgeから引用した。「作家等による現代語訳例」に関しては，瀬戸内寂聴『源氏物語』（講談社，1998）・玉上琢彌『源氏物語評釈』（角川書店，1964-68）・中野幸一『正訳源氏物語』（勉誠出版，2015-17）・橋本治『窯変源氏物語』（中央公論社，1991-93）・林望『謹訳源氏物語』（祥伝社，2010-13）各氏のものを引用した。「発話における古語の意味」は，『全文全訳古語辞典』（小学館，JapanKnowledge）を用いた。

配布した「資料例」に基づいて作成した作品例を，学習者が発話を現代語訳する際の手引きとした（資料3）。学習者は，手引きに基づいて担当した発話者の人物像，担当した発話の現代語訳，現代語訳に対する考察の3項目について考察を行う。手引きは，それぞれ考察する際の留意点や観点を示している。例

資料3　現代語訳の際の手引き

担当した人物：光源氏

人物像

物語の主人公。絶世の美貌と圧倒的な教養を兼ね備えたスター性のある人物。しかしその反面，本当に愛されたい人には捨てられてしまった，という埋められない寂しさが若いころの光源氏にはある。その寂しさをなんとか埋めようとして，数々の女性にアプローチをし続けている。狙った女性に執着し，何が何でも逃したくないという思いも強い。

ペアの現代語訳

それはほんとにお可哀想なことでしたねェ。

現代語訳についての考察

光源氏は，女性に対する思いが強い人物であり，特にこの場面はまだ十八歳の青年である。ここでは，早くに母親が亡くなってしまったことを，可哀そうとは思いつつも，心のどこかではそんなことよりも，見かけた少女についての情報が欲しいと考えていたと思う。

この心情を一番表せていると思った訳は，瀬戸内寂聴の「それはたいそうお可哀そうなことでしたね」である。「お可哀そう」という言葉は，どこか他人事のように聞こえてしまうからだ。

この訳を参考に，僕たちはより光源氏の「軽さ」を出すために「ほんとに」という若者言葉を使った。終助詞「かな」は，この話を早く展開させようとする雰囲気を出すために「ねェ」と訳した。

全体的に，まだ若い光源氏の情報を知って求める気持ちが表れるように訳した。

【手引き】

◇人物像
配布された資料を参考に，担当した人物のプロフィール・光源氏との関係・性格等についてまとめる。

◇発話の現代語訳
資料を参考に，人物像を踏まえながら自分たちの訳を示す。訳例そのままは×。

◇現代語訳についての考察
▼担当した人物の発話部分の心情とその根拠
▼訳例の中で最も良いと考えたものの紹介とその理由。
▼自分たちの訳で工夫したところ。
▼終助詞「かな」の訳の仕方とその根拠。
▼現代語訳全体の意図を一言でまとめ
※▼の要素を**必ず入れて**述べること！

えば「現代語訳に対する考察」では，漫然と現代語訳を作成した感想を書くのではなく，「担当した人物の発話部分の心情とその根拠」・「終助詞「かな」の訳の仕方とその根拠」等，現代語訳に際して行った考察が示されるようにした。

［二］　資料・手引きを読み，担当する人物の発話を現代語訳する（第2時）。

クラス全体で学習の流れを確認した後に，担当した人物ごとに資料を配布する（資料4：「本文」は『新編 日本古典文学全集 源氏物語』第1巻「末摘花」285頁（JapanKnowledge）より引用し，該当部分に傍線を付している）。学習者は資料と手引きに基づいて人物像と現代語訳，およびその考察を作成していく。資料配布後，すぐにペアでの話し合いに入るのではなく，個人学習の時間を設けた。これは，何も意見やアイディアがない状態で話し合うことを避けるためである。

配布した後，指導者側で用意した「発話場面の概要」のみでは，状況を理解しきれていない学習者が散見されたため，担当する人物ごとに指導者のもとに呼び，発話部分の概要を改めて口頭で説明した。その際に学習者からの質問も

資料4　頭中将担当班の資料の一部

担当する発話

「こよなき御朝寝かな」

発言の背景

乳母子から末摘花という姫君の噂を聞いた源氏。荒れた邸に琴を友として寂しく暮らす姫君に好奇心を抱いた源氏は，頭中将と競い合いながら彼女に求愛し，ついに逢瀬となる。末摘花のもとから二条院に帰り，横になっていた源氏に頭中将がかけた一言。

本文

〔九〕源氏、二条院に帰り、頭中将と参内する

二条院におはして、うち臥したまひても、なほ思ふにかなひがたき世にこそと思しつづけて、軽らかならぬ人の御ほどを心苦しとぞ思しける。思ひ乱れておはするに、頭中将おはして、「こよなき御朝寝かな。ゆゑあらむかしとこそ思ひたまへらるれ」と言へば、起き上がりたまひて、「心やすき独り寝の床にてゆるびにけりや。

〔九〕源氏の君は、二条院にお帰りになって、横におなりになるにつけても、やはり望みどおりにはいかぬ世の中なのだとお思い続けになって、軽く考えてはならぬ姫君のご身分柄を、お気の毒なとお思いになるのだった。あれこれ思案に乱れていらっしゃるところに頭中将がお越しになって、「たいそうごゆっくりのお寝みではありませんか。さだめしわけがおありと存ぜられますが」と言うので、お起き上がりになって、「気ままな独り寝の床で、気がゆるんでしまいましてね。

訳例

玉上琢彌　訳　「ひどい朝寝ですな」

橋本治　訳　「まだお寝みなんですか？なんともうらやましい朝のご様子だなァ」

林望　訳　「おやおや、ずいぶんとごゆっくりの朝寝坊ですなあ」

中野幸一　訳　「大変な朝寝坊ですね」

瀬戸内寂聴　訳　「ずいぶん朝寝坊なさいますね」

受け付けたことによって，資料を読むだけでは分からなかった発話の背景について理解した上で現代語訳に取り組めていたようであった。

口頭での補足説明の後には机間指導を行い，現代語訳で止まっている学習者とは会話をしながら発話者の人物像を明確にしていき，その中で発話した際の意図や心情を確認して現代語訳を作成していった。資料と手引きとを見比べながら，担当した人物の発話を訳そうとする姿勢が多くの学習者に認められた。

［三］　ペアで意見交換を行い，その結果を清書してまとめる（第3時）。

個人での現代語訳および考察を経て，同じ人物を担当したペアと意見の交流と清書の作成を行った。同じ資料を用いた考察ではあるものの，2人の現代語訳が完全に一致することはなく，相互に現代語訳の意図を尋ね合う様子が見られた。双方の意見をすり合わせながら，ペアとしての人物像・現代語訳・現代語訳に対する考察を作成していった。

【第3次】　各ペアの成果を文集にまとめ，「源氏物語　人物図鑑」として配布し，人物像と発話の関連について考察する（2時間）。

［一］　文集を読み合い，他の学習者による発話の現代語訳を読む（第4時）。

前時に清書したものを文集にまとめた。一つの発話に対する2組のペアの考察が比較できるよう同じページに印刷する形式とした（資料5）。

学習者の作品例として，以下に頭中将（資料4を用いたペア・資料5左側）を担当した学習者のものを挙げる。

担当した人物の人物像：源氏の友でありライバルだった人物。優れた人間ではあったが，すべてにおいて源氏に一歩先を行かれてしまう。しかし，そんな事で嫉妬したりはしないような男らしい性格の人物。

ペアの現代語訳：さぞかし良く眠れたようで。

現代語訳についての考察：頭中将は男らしく嫉妬するような性格ではないので，末摘花をとられた嫌味を言いにきたのではなく，友達に軽口をたたきにきたくらいの感じ。この心情を一番表していると思うのは林望の「おやおや，ずいぶんとごゆっくりの朝寝坊ですなあ」である。自分達の考えたものに意味が近いと思ったからである。「ようで」の先に「なによりだ」などとつけた方がしっくりくるが，そうすると嫌味っぽくなってしまうの

資料5　文集の一部

とうのちゅうじょう
頭中将

「こよなき御朝寝かな」

発言の背景

乳母子から末摘花という姫君の噂を聞いた源氏。荒れた邸に琴を友として寂しく暮らす姫君に好奇心を抱いた源氏は、頭中将と競い合いながら彼女に求愛し、ついに恋仲となる。末摘花のもとから二条院に帰り、横になっていた源氏に頭中将がかけた一言。

3

担当した人物の人物像

（　）組　氏名（　　）

ペアの現代語訳

現代語訳についての考察

乳母子から末摘花という姫君の噂を聞いた源氏が、その末摘花に興味を抱いた。そして、仲の良い頭中将と、どちらが先に自分のものにできるか競い、ついに源氏と末摘花は恋仲になる。しかし、末摘花は源氏が思っていた人とは違った女性だった。その後二条院に帰り横になっていた源氏に頭中将がかけた一言。身分が高い光源氏との会話での一言だが、二人の仲を考え、親しい友達と話す時のような訳にした。また、訳例についてだが、林望さんの「おやおや、ずいぶんとごゆっくりの朝寝坊ですなあ」か、もっと良いと思った。理由として、「おやおや」が入っていて固さが感じられなく二人の親近感が表されていると思ったからだ。

担当した人物の人物像

（　）組　氏名（　　）

源氏の友でありライバルだった人物。優れた人間であったが、全てにおいて源氏に一歩先を行かれてしまう。しかし、そんな事で嫉妬したりはしないような男らしい性格の人物。

ペアの現代語訳

さぞかし良く眠れたようで

現代語訳についての考察

頭中将は男らしく嫉妬するような性格ではないので、末摘花をとられた嫌味を言いにきたのではなく、友達に軽口をたたきにきたくらいの感じ。この心情を一番表しているなと思うのは林望の「おやおや、ずいぶんとごゆっくりの朝寝坊ですな」である。自分達の考えるものに意味が近いと思ったからである。「ようで」の先に「なによりだ」などとつけたほうがしっくりくるがそうすると嫌味っぽくなってしまうのでそれを省略した。それにより終助詞「かな」の部分は消えた。だが、それによって軽口感を表現し、頭中将の軽快な性格を表現した。

でそれを省略した。それにより終助詞「かな」の部分は消えた。だが，それによって軽口感を表現し，頭中将の軽快な性格を表現した。

文集を配布した後に，指導者からすべての発話の場面についての説明を行った。これは，第2時の資料配布時に場面の概要だけでは発話場面の状況を掴みきれていない学習者がいたことによるものである。説明を受けた後，学習者は第1時に配布した人物相関図を手元に置いて，文集を読み進めていった。

［二］　人物像と発話の関連について考察し共有する（第4・5時）。

全体に目を通した頃合いで，単元全体を振り返るため「①同じ人物（発話）を担当したペアの現代語訳と自分たちの現代語訳を比較し，相違点を挙げる」「②相違点が生じた理由について，「現代語訳についての考察」を比較して考察する」「③文集のすべての現代語訳と「現代語訳についての考察」を読み，最も興味深かった考察を挙げる」「④文集全体を読み，発話と人物像の関連について，文集の中から具体例を挙げつつ考察する」の4点を課題として示した。各項目を通して，人物像と発話との関連を考察させようとしたものである。以下に引用するのは，文集を読み終えた学習者の考察（④）である。

> 北山の尼君の発話や紫の上の発話の現代語訳は二つのペアでだいぶ違っていると思った。ただ発話を現代語訳するだけなら，似たような訳になるはずだ。しかし，そうなっていないのは，その発言をした人物の性格をふまえることで訳し方が大きく変わってしまうからだ。このことから，発話と人物像は大きく関わっていると分かる。（中略）つまり発話が物語の中の人物を形成していると考えた。

上記の考察に代表されるように，本単元の目標の一つであった発話と人物像の関連について指摘する考察が多く見られた。他にも，先に挙げた頭中将を担当した学習者の班が参考になったとした上で「友達の間でしかできない言い方のように聞こえる。こう考えると，頭中将と源氏の間柄が分かると思った」と，発話者とその相手との関係にまで言及する学習者がいた。一方で，「一つの発話でも見方やとらえ方によって人格などががらっと変化してしまうと思う。発話を一つではなく複数の視点から考えることでより正確な人物像になると思う」と，一つの発話のみを取り上げて人物像を考察することへ疑問を持つ学習者もいた。発話と人物像について考察し得ている学習者の意見を共有して単元を終えた。

5.　今後の課題

本稿では，『CHJ』を活用して『源氏物語』の終助詞「かな」を含む発話を収集・教材化した授業実践について報告した。本単元は，先行する『卒業ホームラン』における学習活動の蓄積に基づく。学習者はこの学習活動によって，“人物像を発話から考察する”という物語を読む際の観点を獲得している。コーパスは，先行する単元によって得られたこの観点を異なる作品においても活用することを可能にする[5)]。もしコーパスがないまま『源氏物語』に出会わせ，人物像を考察させるとしたら，難解かつ膨大な量の本文を学習者は読まなければ

5) 甲斐（2017）では，大村はま国語教室における実践の蓄積を検討し，先行する単元における学習活動が，後続する単元の学習活動を支えている構造があると指摘している。

ならず，中学生を対象とした実践としては非現実的である。コーパスで収集した「発話」に限定した用例が，先行する学習活動との橋渡しとなり，中学生にとっては難解な『源氏物語』の学習にスムーズに入ることができたのである。

平成29年版中学校学習指導要領では古典作品に親しむことに加えて「古典に表れたものの見方や考え方を知ること」などが求められている。コーパスを活用することで，既有知識と関連づけた教材づくりが行えるようになり，様々な側面から「古典に表れたものの見方や考え方」を検討する授業が実現可能となる。

参考文献

甲斐伊織（2017）「大村はま国語教室のカリキュラムにおける個々の単元の役割　単元「課題図書について考える」の位置づけをめぐって」『早稲田大学国語教育研究』37。
金水　敏（2003）『ヴァーチャル日本語 役割語の謎』岩波書店。
金水　敏（2008）「役割語と日本語史」『シリーズ日本語史4 日本語史のインタフェース』岩波書店。
西田隆政（2012）「終助詞「かな」の詠嘆再考―「源氏物語」を資料として」『武蔵野文学』60。
早野賢謙（2015）「「源氏物語」の登場人物に焦点を当てた実践―新聞作りを通して―」『語文と教育の研究』13。
渡辺春美（2008）「戦後古典教育実践史の研究：『源氏物語』の実践の場合」『語文と教育』22。

2.4
形態素解析を利用した『源氏物語』学習教材の開発法
—基礎から学べる「形態素解析」の教材活用法—

須永哲矢

従来の学習参考書に盛り込まれていた情報を１枚の表形式で取り込んだ総合学習教材の作成方法を紹介する。市販のものと異なり自由にカスタマイズできるのが特徴で，教材作成自体にも学習効果が見込まれる。

1.　これまでの研究・実践と課題

(1)　古典学習一般の共通課題

本節では，個別の作品に対する授業展開の方法ではなく，作品ごとの特性によらない一般的・基礎的学習項目を網羅した学習教材の作成例を紹介する。作業例としては「2.3」節にひきつづき『源氏物語』を素材とするが，ここで紹介する方法は高校での古文全般に適用可能である。そこでここでは，古典学習一般における学習項目を確認し，教材作成時の課題を整理する。

高校の古典学習一般としての基本事項といえば，助動詞や係り結び・敬語といった言語面での文法事項と，現代語訳などの読解・解釈・鑑賞であろう。ただ，近年の学習事情を鑑みると，文法関連の学習と，現代語訳をする・意味を取るという学習がつながりにくくなる傾向にあると考えられる。

近年，古典文法に関しては，生徒に好まれず，丸暗記が否定される傾向も加わって，以前に比べて学習時間が減っていることが多い。その結果，文法についての理解度の低下を思わせる局面が増えている。その一方で，訳に関してはインターネットの普及なども手伝い，以前よりも手に入りやすくなっている。その結果，話の筋を追う，訳を手に入れるということは容易にできる半面，なぜこの単語列でこのような意味になるのかはわからないままになる，とういう状況が起こりやすいのが現代であり，定期試験ごとに訳を丸暗記して臨み，学習すべき事項が積み重ならないという事態に陥ることも多い。本来であれば，本文を品詞分解し，逐語訳的に訳文と突き合わせていく，という自習がされることが望ましいが，現実的にそのような作業を自発的にする生徒はごくまれで，訳があればその暗記に走る。また，教科書に載るような主要古典作品の現代語訳は簡単に手に入る時代ではあるが，それらが現代日本語として読みやすいこなれた文体になっているのであれば，それは古典テキスト本文の単語とはもはや一対一対応しなくなっているため，仮にまじめに原文の単語と突き合わせてみても，なぜそのような意味になるのかは分からないままであることも多い。そこで，最終的にこなれた訳はすぐに手に入ることを前提に，学習用の訳文として，現代日本語としては多少不自然であっても，より逐語訳に近い形式になっているものがあるとよい。

本文を構成している各単語について意識を向け，それぞれの語列ときちんと対応するような逐語訳を身につけていく，という地道な作業が，その単元限りで終わらない，古典読解の基礎体力となるはずである。

(2) 学習参考書を表形式に

単語・文法に関する事項がすべて盛り込まれ，逐語訳に近い訳が付与される教材というのは何も新しいものではなく，一般的な学習参考書の形式がまさにそれであったと言えよう。教科書対応の学習参考書の多くは本文全文が品詞分解され，逐語訳が掲載されている。しかし，従来の参考書の紙面構成では，本文の隣に付与される品詞情報が非常に小さいために読みにくく，また，訳は（原文の脇は品詞情報が入ってしまっているため）スペースの都合上別掲になっていることが多く，原文と訳文を見比べて，単語間の対応がすぐにとれる仕様にはなっていないものが多い。学習用逐語訳の訳文を単語ごとに切って原文と対応をとっていけば学習効果は高まるであろうし，学習用の訳の理念も本来はそこにあると考えられるが，そのような面倒な作業をする生徒は現実には少ない。学習のための逐語訳は，当初の理念・目的を理解されないまま，実際にはただ話の内容を理解するためだけに単独で読まれ，「わかりにくい文章」との印象で終わってしまう。このように従来の一般的な学習資料では，品詞分解は品詞分解だけ，訳文は訳文だけにならざるを得ず，各要素が結び付いた視覚的構成は考えにくい。これに対し，形態素解析を用い，本文をExcelの表形式にすれば，各情報を総合的に表示した学習教材が作成可能になる（図表2.9）。

形態素解析の利用により，図表2.9のように本文を品詞分解し，品詞情報を付与した上で，語単位で直訳と見比べることのできる教材の作製が可能となる。

本教材の素材はExcel形式の表であるため，Excelファイルを編集する要領で，注釈や漢字の読みの欄の追加や，要注意項目に着色するなど，用途・学習レベルに応じて自由にカスタマイズ可能である。

2.　形態素解析を活用した教材作成

ここでは，図表2.10に示した教材の作成方法を述べるが，Excel形式を利用してユーザーの意図に合わせて編集できることが本教材の特色であるため，以下に示す手順はあくまで図表2.10の形式をゴールとする参考例である。

(1)　形態素解析

まず教材作成対象となる古典本文のテキストデータを用意し，形態素解析にかける。中古和文に対応した形態素解析辞書としては国立国語研究所『中古和文UniDic』（http://unidic.ninjal.ac.jp/download_all#unidic_wabun）が公開されており，こちらを利用すれば古典語のテキストを高精度で解析することができる。『中古和文Unidic』は上記サイトからダウンロード，インストールして使用することができるが，そのような設定が難しい場合は，「Web茶まめ」というサイト（http://chamame.ninjal.ac.jp/）で「辞書選択」を「中古和文」を選択することで，web上で形態素解析を行うことも可能である。いずれにしても「出力形式」について「Excel形式」を選択することで，本文さえ入れれば図表2.11に示すようなExcel形式の表が自動で生成される。これを自由に加工して，目的に沿った教材形式にしていく。

(2)　不要な情報の削除・利用する列の選定

図表2.11に示したものは形態素解析結果の一部であり，実際にはこれ以外にも様々な情報が記された列が出力される。そのなかで教材作成に利用する列を

図表 2.9 形態素解析を利用した学習教材の特徴

読み	本文	直訳	品詞	活用の種類	活用形	注
	いづれ	どれ（どの天皇）	代名詞			
	の	の	格助詞			
あおん	御	御	接頭辞			
とき	時	治世	名詞			
	に	であった	助動詞	助動詞-ナリ	連用形-ニ	断定
	か	か	係助詞			「ありけむ」省略
	、	、				
にょうご	女御	女御（や）	名詞			女御のほうが更衣よりランクが上
	、	、				女御，更衣がたくさんいる＝中宮が選ばれていないため，宮中が不安定
こうい	更衣	更衣（が）	名詞			
	あまた	たくさん	副詞			
	さぶらひ	お仕え	動詞	四段-ハ行	連用形	謙譲，本動詞。→帝
	たまひ	なさっ	動詞	四段-ハ行	連用形	尊敬→女御
	ける	ていた	助動詞	助動詞-ケリ	連体形	過去
	中	中	名詞			
	に	に	格助詞			
	、	、				「すごく偉い」とまでは言いきれない，というだけ。それなりの身分ではある。
	いと	とても	副詞			
	やむごとなき	高貴な	形容詞	ク活用	連体形	
	際	身分	名詞			
	に	で	助動詞	助動詞-ナリ	連用形-ニ	断定
	は	は	係助詞			
	あら	ない（人）	動詞	ラ行変格	未然形	
	ぬ		助動詞	助動詞-ズ	連体形	
	が	で	格助詞			同格
	、	、				

注意点には自由に色付け

品詞情報と逐語訳が対応

敬語・助動詞の意味・注釈など，必要に合わせて自由に入力

図表 2.10　形態素解析を利用した教材作成例（一部）

読み	本文	直訳	品詞	活用の種類	活用形	注
	いづれ	どれ（どの天皇）	代名詞			
	の	の	格助詞			
	御	御	接頭辞			
	時	治世	名詞			
	に	であった	助動詞	助動詞-ナリ	連用形-ニ	断定
	か	か	係助詞			「ありけむ」省略
	、	、				
にょうご	女御	女御（や）	名詞			女御のほうが更衣よりランクが上
	、	、				女御，更衣がたくさんいる＝中宮が選ばれていないため，宮中が不安定
こうい	更衣	更衣（が）	名詞			
	あまた	たくさん	副詞			
	さぶらひ	お仕え	動詞	四段-ハ行	連用形	謙譲，本動詞。→帝
	たまひ	なさっ	動詞	四段-ハ行	連用形	尊敬→女御
	ける	ていた	助動詞	助動詞-ケリ	連体形	
	中	中	名詞			
	に	に	格助詞			
	、	、				
	いと	たいして	副詞			「すごく偉い」とまでは言いきれない，というだけ。それなりの身分ではある。
	やむごとなき	すごくえらい	形容詞	ク活用	連体形	
	際	身分	名詞			
	に	で	助動詞	助動詞-ナリ	連用形-ニ	断定
	は	は	係助詞			
	あら	ない（人）	動詞	ラ行変格	未然形	
	ぬ		助動詞	助動詞-ズ	連体形	
	が	で	格助詞			同格
	、	、				
	すぐれて	特に	副詞			
	時めき	寵愛され	動詞	四段-カ行	連用形	
	たまふ	なさる（人が）	動詞	四段-ハ行	連体形	
	あり	い	動詞	ラ行変格	連用形	
	けり	た	助動詞	助動詞-ケリ	終止形	
	。	。				
	はじめ	始め	名詞			
	より	から	格助詞			
	我	我	代名詞			
	は	は（帝に気に入られよう）	係助詞			
	と	と	格助詞			
	思ひあがり	思い上がって	動詞	四段-ラ行	連用形	
	たまへ	いらっしゃっ	動詞	四段-ハ行	已然形	
	る	た	助動詞	助動詞-リ	連体形	
	御	御	接頭辞			
	方々	方々（は）	名詞			身分は「女御」
	、	、（桐壺更衣を）				
	めざましき	気に食わない	形容詞	シク活用	連体形	
	もの	者	名詞			
	に	だと	格助詞/助動詞			（きかれない）
	おとしめ	さげすみ	動詞	下二段-マ行	連用形	
	そねみ	憎み	動詞	四段-マ行	連用形	
	たまふ	なさる	動詞	四段-ハ行	終止形	
	。	。				

図表 2.11 『中古和文 Unidic』による形態素解析結果（一部）

文境界	書字形	語彙素	語彙素読み	品詞	活用型	活用形	発音形	語種
B	いづれ	何れ	イズレ	代名詞			イズレ	和
I	の	の	ノ	助詞-格助詞			ノ	和
I	御	御	オオン	接頭辞			オオン	和
I	時	時	トキ	名詞-普通名詞-副詞可能			トキ	和
I	に	に	ニ	助詞-格助詞			ニ	和
I	か	か	カ	助詞-係助詞			カ	和
I	、	、		補助記号-読点				記号
I	女御	女御	ニョウゴ	名詞-普通名詞-一般			ニョーゴ	漢
I	、	、		補助記号-読点				記号
I	更衣	更衣	コウイ	名詞-普通名詞-サ変可能			コーイ	漢
I	あまた	数多	アマタ	名詞-普通名詞-一般			アマタ	和
I	さぶらひ	侍う	サブラウ	動詞-一般	文語四段-ハ	連用形-一般	サブライ	和
I	給ひ	給う-尊敬	タマウ	動詞-非自立可能	文語四段-ハ	連用形-一般	タマイ	和
I	ける	けり	ケリ	助動詞	文語助動詞	連体形-一般	ケル	和
I	なか	中	ナカ	名詞-普通名詞-副詞可能			ナカ	和
I	に	に	ニ	助詞-格助詞			ニ	和
I	、	、		補助記号-読点				記号

選定し，それ以外の不要な情報を削除する。

利用しやすい列は以下の通り。

・書字形：もとの本文。この列を「本文」として教材を作成する。

・語彙素：現代語形・辞書見出しの形になる列。この列を利用して逐語訳の現代語訳を入れていくと，①訳にそのまま利用できる②完全新規に訳を書いていくよりも，この列をベースにすることで直訳から離れにくくなる，という点で便利である。

・品詞：そのまま品詞情報として利用する。

・活用型：高校教育での「活用の種類」としてそのまま利用する。

・活用形：そのまま活用形として利用する。

これ以外の列は必要ないと判断したら，削除する。また，元からある列を利用するのではなく，新たに「漢字の読み」や「注釈」といった項目を適宜追加してもよい。

(3)　情報の書き換え①（不要な情報の削除）

図表2.11を見ると，高校の学習としては詳しすぎる情報も付与されていることが分かる。たとえば「時」の品詞情報は「名詞-普通名詞-一般」といった詳しい情報が付与されているが，高校教育においては通常「名詞」だけで充分である。生徒が読む教材，ということを考えると，なるべく文字は少ない方がよい。そこで，これら不要な情報を削除する。削除の方法としては，置換機能を使えばよい。たとえば「名詞-普通名詞-一般」を「名詞」のみにしたいのであれば，検索文字列を「-普通名詞-一般」，置換文字列を空欄にすることで「名詞」のみを残すことができる。

図表2.12　まず一括消去すべき文字列

-一般	文語	助詞-

まずは図表2.12に示した文字列を検索文字列とし，置換文字列を空欄にして，これらの文字列を一括で削除するとよい（助詞の場合は「格助詞」「係助詞」などのレベルで問われることが多いため「助詞-」の方を削除するという判断をしたが，学習レベルによっては「助詞」を残し，「-格助詞」「-係助詞」などの方を削除してもよい）。その後，全体を見渡して「-非自立可能」「-サ変可能」「-一般名詞」など，目につくものを消してゆけばよい。余裕があれば句読点などの「補助記号」という情報も不要なため，これらも消してしまった方が教材の見た目としてはすっきりする。

(4)　情報の書き換え②（エラー修正）

『中古和文 Unidic』は，古典テキストを高精度で品詞分解してくれるが，あくまでその精度は「高精度」であって，出力された結果のすべてが正しいとは限らない。そこで，解析エラーがないか確認し，エラーを見つけたら修正する必要がある。この作業は，実際には（5）に示す訳の付与と同時に行うのが効率的である。また，テキストごとの純粋なエラーとは異なり，『中古和文 Unidic』で品詞分解する際の仕様が学校教育での文法と異なることによる出力結果の相違（高校教育という用途からは修正必要な箇所）も存在するため，まずは検索機能等を利用し，図表 2.13 に示す事項を確認，修正するとよい。

中古和文 Unidic の解析精度は高いので，一般的な平安仮名文学作品であれば，図表 2.13 に示す事項の確認・修正以外の個別エラーはほとんどない場合も多い。

図表 2.13　修正時に注意・確認すべき項目

事　項	中古和文 Unidic	高校教育	対　　処
助動詞「り」の上の活用形	命令形	高校教育では已然形扱いの場合が多い	「命令形」で検索をかけ，下に助動詞「り」が来ていたら手作業で修正
形容動詞	形状詞＋断定「なり」の 2 語	高校教育では形容動詞 1 語	「形状詞」で検索をかけ，下に続く「なり」と合わせて「形容動詞」と書き替え。その際，「形状詞」の行を削除し，下の断定「なり」の行を残して形容動詞として書き替えた方がよい（活用形などの情報が生き残るため）。
係り結び	形態素解析は係り結びを認識しないため，終止・連体同形の動詞については，上に係助詞があっても文末は終止形として出力される可能性あり	「ぞ」「なむ」「や」「か」の結びは連体形	逐語訳入力時に係り結びに注意して確認する。
複合動詞（余裕があれば）	規程上，動詞 2 語に分割されることが多い。	複合動詞 1 語	そのままにしても実際には困ることはないが，余裕があれば 1 語に結合する（この場合も上の動詞を削除，下の動詞を残すと，活用形などの情報がそのまま使える）。

(5)　訳・注釈等の入力～完成

ここまでで一括処理的な形式は整うので，このあと自由に情報を付与すれば，教材を完成させることができる。訳に関しては（2）で述べた通り，「語彙素」の列をもとに逐語訳を上書きしていくとよい。また，逐語訳を作成しながら，各行の文法情報などに誤りがないかを同時に確認していくのが効率が良いため，(4）に示したエラーの一括修正以外は，訳や注釈を付与する工程で同時にエラーチェックを行うとよい。

3.　学習指導計画と授業実践

本教材は，これを用いて授業展開をするというよりは，自習・復習用の資料という位置づけを想定している。

(1)　使用者～生徒視点から

筆者は高校生を対象に，本教材を5年以上試験運用してきたが，生徒の印象は軒並み好評であった。位置づけは自習用，試験前の確認用課題としてである。本教材試作時の最大の不安要因は，紙面構成に圧迫感があるのではないか，ということと，何より印刷枚数であった。本教材は1行1単語という編成のため，当然のことながら印刷枚数がかさむ。教科書1ページ分が打ち出しで2～3枚分になってしまうことが多い。筆者はB4サイズ1枚に2ページ分を割り付けて配布していたが，それでも定期試験の範囲となると10枚（＝20ページ分）ほどになってしまうことも珍しくなかった。枚数が多いことで学習意欲をそいでしまう不安もあったが，試験運用した限りでは分量に対するプレッシャーは，さほど感じられないようである。むしろ，「これ1セットで一通り復習できるのでありがたい」という感想が多数を占めた。生徒の使い方も，端から端まで真面目に読む，というよりは，頭から通しでざっと確認し，気になるところがあったらそこを見る，というような姿勢で向き合っており，これ一つでほぼすべてを網羅できる，という安心感の方が強いようである。

今回紹介した形式は，単元終了後の復習用自習課題という位置づけを想定し，要点をすべて記入しているが，単元開始時に配布し，要点を空欄にしておく，という編集ももちろん可能である。なお，この場合は直接書き込むにはマス目が小さく，書き込めるようにマス目を大きくすると枚数が増え，他の箇所が読みにくくなることから，解答記入用の別紙を用意し，本紙は空欄のまま，試験前の復習にも使えるように指導するとよいだろう。

(2)　制作者～教員視点から

筆者は本教材を高校生向けに試験運用すると同時に，教職を目指している大学生にも紹介し，作製法の指導を行ってきた。そこで分かったことは，本教材を作成するという作業が，教える側の教育にもなりうるということである。教員側は，扱う話の筋や要点はあらかじめ知っている。しかし一方で，話の筋がある程度分かり，雰囲気がつかめているがゆえに，細部においては知識が不足しているのにそれに気づいていない，という状況のまま授業展開してしまっている場合が多々見受けられる。本教材を準備として作成するという作業では，雰囲気で訳すことを許さず，単語ごとに逐語訳できる力が求められる。実際作業してみると，訳し方に悩む場面も様々に出てくるし，文法面においても，訳しながらエラーチェックを兼ねて総確認が求められる。このような準備作業を通じ，教える側自身がきちんと説明できるようになる（場合によっては高校教育の枠ではどうにもならない箇所もあらかじめわかるようになる）。つまり，本資料を作成することで，教員側が雰囲気で読んでしまうという姿勢を脱し，すべての箇所に，きちんと理由を持ってその訳・解釈を充てることができることを確認した上で授業に臨めるようになる。このように本教材は，生徒に実際配布しなくとも，教員側の準備・教育という面においても効果が見込めると考えられる。

4.　今後の課題

本教材を方法として紹介すると，必ず寄せられる疑念・不安がある。それはこの資料を１単元分作るのにどのくらい時間がかかるのか，という作業コストの問題である。ただでさえ忙しいのに，この資料を作成するのに膨大な時間がかかるのなら，それは現実的ではない，という考えは充分理解できる。ここで紹介した作業手順を文字で追うだけでは，なにやら難しそう，という印象をおそらく持たれるだろう。しかし実際には，慣れれば標準的な1単元，教科書見開き4ページ前後に対し，1～2時間もあれば本資料の作成は可能である。もちろん，本文のテキストデータがある場合と，本文から手入力しなければならない場合の差や，どの程度ていねいに情報を盛り込むかによって時間は前後しうるが，筆者が一般的に作成している，図表2.9に示したような形式の作業時間は，1～2時間である。

慣れればすぐにできるはずだが，慣れない状態で作成を始める，というのは確かに困難も伴うだろう。そこで，作業実験として，教職を目指す大学2年生(パソコンの知識はむしろ乏しく，Excelもほとんど使ったことなし，本教材作成経験もなし）に作業手順を説明し，実際に教材作成を行ってもらった。本節で紹介した作業手順を伝えたのち，自宅での作業とし，作業中の指示は一切行っていないが，図表2.14に示すような形式のものが，初めてでも作成できることが確認できた（題材は『枕草子』より「雪のいと高う降りたるを」)。作業時間は1時間40分,「初めてということもあり，時間がかかり過ぎたという感覚，慣れればもっと早くできる」との感想である。

図表 2.14　教材作成経験のない者が作成した教材例

読み	本文	直　訳	品詞	活用の種類	活用形	注　釈
	雪	雪	名詞			
	の	が	格助詞			
	いと	とても	副詞			
	高う	高く	形容詞	形容詞-ク	連用形-ウ音便	
	降り	降っ	動詞	四段-ラ行	連用形	
	たる	た	助動詞	助動詞-タリ-完了	連体形	
	を	(の）を	接続助詞			
	、	、				
	例	今まで	名詞			
	なら	に	助動詞	助動詞-ナリ-断定	未然形	
	ず	なく	助動詞	助動詞-ズ	連用形	

みこうし	御格子	御格子（を）	名詞			
	参り	お下げ申し上げ	動詞	四段-ラ行		「参る」は，簾を下ろすという意味にも使われる
	て	て	接続助詞			
	、	、				
すびつ	炭櫃	炭櫃	名詞			現在でいう火鉢
	に	に	格助詞			
	火	火（を）	名詞			
	おこし	起こし	動詞	四段-サ行	連用形	
	て	て	接続助詞			
	、	、(皆で)				
	物語	話	名詞			
	など	など	副助詞			
	し	（を）し	動詞	サ行変格	連用形	
	て	て	接続助詞			
	集まり	集まって	動詞	四段-ラ行	連用形	
	候ふ	お仕え申し上げる	動詞	四段-ハ行	連体形	本動詞につく謙譲語。お仕えする
	に	に	接続助詞			
	、	、(中宮定子様が)				
	「	「				
	少納言	少納言	名詞			
	よ	よ	終助詞			
	。	。				
こうろほう	香炉峰	香炉峰	名詞			白居易の詩に，「香炉峰の雪は簾をかかげて看る」という一節がある
	の	の	格助詞			
	雪	雪（は）	名詞			
	いか	どう	名詞			
	なら	である	助動詞	助動詞-ナリ-断定	未然形	
	む	だろうか	助動詞	助動詞-ム	終止形	
	。	。				
	」	」				
	と	と	格助詞			

仰せ	おっしゃ	動詞	下二段-サ行		「仰せ」おっしゃる，作者→中宮定子
らるれ	います	助動詞	下二段-ラ行	已然形	
ば	ので	接続助詞			順接の確定条件
、	、(人に命じて)				
御格子	御格子（を）	名詞			
あげ	上げ	動詞	下二段-ガ行	未然形	
させ	させ	助動詞	下二段-サ行	連用形	使役
て	て	接続助詞			
、	、				
みす 御簾	御簾	名詞			
を	を	格助詞			
高く	高く	形容詞	形容詞-ク	連用形	
あげ	上げ	動詞	下二段-ガ行	連用形	
たれ	る	助動詞	助動詞-タリ-完了	已然形	
ば	と	接続助詞			順接の偶然条件
、	、(中宮定子様は)				
笑は	お笑い	動詞	四段-ハ行	未然形	「さすがよくやった」という中宮の満足の笑い
せ	に	助動詞	下二段-サ行	連用形	尊敬の助動詞。偉い人に対して用いる
給ふ	なられる	動詞	四段-ハ行	終止形	
。	。(周りにいた他の)				
人々	人々	名詞			
も	も	係助詞			
「	「				
さる	そのような	動詞	ラ行変格	連体形	香炉峰の雪に関する話
こと	事	名詞			
は	は	係助詞			
知り	知っていて	動詞	四段-ラ行	連用形	
、	、				
歌	歌	名詞			
など	など	副助詞			
に	に	格助詞			

さへ	までも	副助詞			～までも
うたへ	詠う	動詞	四段-ハ行	已然形	
ど	けれども	接続助詞			逆接の確定条件
、	、				
思ひ	思い	名詞			御簾を上げることを思いつかなかった
こそ	こそ	係助詞			
寄ら	寄ら	動詞	四段-ラ行	未然形	
ざり	な	助動詞	助動詞-ズ	連用形	
つれ	かった	助動詞	助動詞-ツ	已然形	係助詞の「こそ」が係って已然形になっている
。	。(あなたは)				
なほ	やはり	副詞			
、	、				
こ	こ	代名詞			
の	の	格助詞			
宮	中宮	名詞			中宮定子のことを指す
の	の（お側につく）	格助詞			
人	人	名詞			
に	に	格助詞			
は	は	係助詞			
さ	然る	動詞	ラ行変格		「さべき」→ふさわしい，ここでは，中宮に仕えるのにふさわしいという意味
べき	べき（人）	助動詞	助動詞-ベシ	連体形	
な	である	助動詞	助動詞-ナリ-断定	連体形-撥音便	「なんめり」の撥音の無表記
めり	ようだ	助動詞	助動詞-メリ	終止形	
。	。				
」	」				
と	と	格助詞			
言ふ	言う	動詞	四段-ハ行	終止形	
。	。				

機械を使っての教材作成は，試したことのない人にとってはハードルが高く感じられるかもしれないが，いざやってみると意外に簡単にできるようになる，という人も多い。このような手法で教材を作る人，また，このような方法で作成した教材の使用法をそれぞれ広げ，ノウハウを共有していくことが今後の課題といえよう。

参考文献

須永哲矢（2014）「形態素解析辞書「中古和文 UniDic」を利用した古典学習教材の作成」『第 5 回 コーパス日本語学ワークショップ予稿集』11-20 頁。
小椋秀樹・須永哲矢（2012）『中古和文 UniDic 短単位規程集』平成 21（2009）-平成 23（2011）年度科学研究費補助金基礎研究（C）「和文系資料を対象とした形態素解析辞書の開発」研究成果報告書 2（課題番号 21520492，代表者 小木曽智信）。

教材作成協力：塚田桃加。

2.5
「日本語歴史コーパス」で『徒然草』の理解を深める
—語彙に着目して作者の人物像に迫る—

宮城　信

本稿では，中学校・高等学校における「徒然草」を題材としてCHJを活用した授業提案・実践を紹介する。現状において「徒然草」の授業でどのようにこのコーパスが活用できるのか，また従来の教科書中心型の授業から，コーパスを活用した授業への接続，往還について述べる。またそれを受けての学校現場における古典のアクティブ・ラーニング型学習の可能性について考察する。

CHJの教育利用の方法としては，教師が授業準備に活用する，学習者が学習活動に利用する，学習者が発展的な学習に活用するといったものが想定できる。本稿では，特に2番目の活動に注目して，これまでの授業実践を踏まえながら，高等学校で授業実践を行い，その成果を報告する。

1. 本文および解説

本文

第二三六段　丹波に出雲といふところあり

丹波に出雲といふところあり。大社を移して，めでたく造れり。しだの某とかやしるところなれば，秋の比，聖海上人，その他も人数多誘ひて，「いざ給へ，出雲拝みに。かひもちひ召させん。」とて具しもて行きたるに，各々拝みて，ゆゆしく信起したり。御前なる獅子・狛犬，背きて，後さまに立ちたりければ，上人，いみじく感じて，「あなめでたや。この獅子の立ちやう，いとめづらし。深き故あらん。」と涙ぐみて，「いかに殿原，殊勝のことは御覧じ咎めずや。無下なり。」と言へば，各々怪しみて，「まことに他に異なりけり。」「都のつとに語らん。」など言ふに，上人，なほゆかしがりて，おとなしく，物知りぬべき顔したる神官を呼びて，「この御社の獅子の立てられやう，定めて習ひあることに侍らん。ちと承らばや。」と言はれければ，「そのことに候ふ。さがなき童どもの仕りける，奇怪に候ふことなり。」とて，さし寄りて，据ゑ直して，往にければ，上人の感涙いたづらになりにけり。（※筆者注：下線は，形容詞・形容動詞）

解説

作者…　兼好法師

生没年は，弘安6（1283）年-観応元年（1350）年頃とされる。兼好法師，卜部兼好（うらべかねよし）と呼ばれることも。通説では京都吉田神社の神官を務めた吉田卜部氏に生まれ，六位の蔵人，五位の左兵衛佐など様々な要職を歴任した後，貴族社会に嫌気がさして隠遁生活に入ったとされる。またその経歴に相応しく，様々な人物との交流を持ち，自由奔放な人物であったと伝えられている。ただし，近年の研究ではこの出自に関して疑義を呈するものもある。

作品…　『徒然草』

「徒然草」（古くは「つれ〳〵種」の表記も）は，鎌倉時代後期の随筆文学である。執筆時期はおよそ鎌倉幕府滅亡直前の元徳２（1330）年頃とするのが通説である。鎌倉時代末期に知識人に流行した無常厭世観の影響を受けた作風で知られ，特に室町時代から江戸時代前期にかけて流行して文学作品としての名声を得た。「徒然草」に通底する兼好の態度は言うまでもなく，「世の中の全てのものは，いつかは滅びゆく」という無常観と言うことになるが，執筆時期も含め，第30段までの前後で分断され，無常観に対する思想的な違いがあるとする指摘もある。

各章段の構成はほぼ統一されており，自身の周辺で起きた出来事や噂話や友人から聞き及んだことなどを取り上げ，それぞれに対して独自の視点からの評価を述べ，時には問いかける形で締めくくっている。

章段…　「仁和寺にある法師」など

小学校では序段（つれづれなるままに）が，中学校では，序段や第52段（仁和寺にある法師）が教科書の定番である。一方で，高等学校の教科書では，中学校での定番の章段ではなく，第236段「丹波に出雲といふところあり」（桐原書店，大修館書店）や第53段「これも仁和寺の法師」（桐原書店，教育出版，明治書院），第109段「高名の木登りといひしをのこ」（教育出版）など多様なものが採録されている。教科書によっては「達人」「処世」などテーマ別に関連する作品をまとめて掲載する（教育出版）ものもある。

2.　これまでの授業実践と言語活動例
――中学・高等学校における「徒然草」の授業実践――

(1)　作者のものの見方や考え方に共感する

おそらく中学校で行われるもっともポピュラーな形のものである。新学習指導要領の「～作品を読むことを通して，古典に表れたものの見方や考え方を知ること。」（伝統的な言語文化，（中）第２学年，イ）という目標を受け（これには作品の登場人物と作者の両方が含まれるが，本項では後者），教科書にも「仁和寺にある法師」で「登場人物の行動に着目し，作者のものの見方や考え方に触れる。」（光村図書）という目標が示されている。「徒然草」における兼好のものの見方や考え方は現代社会に通底するところが多いことが指摘されているので，時代は違っても中学生・高校生の学習者らが日常生活の中で共感を発見することも少なくないであろう。グループ学習なども積極的に取り入れ，共感するだけではなく，逆に兼好のものの見方や考え方と異なる意見が出てきても面白い。

(2) 複数の章段を比較する

「徒然草」の発展的な学習では，複数の章段を比較する実践が散見される。(1) がある出来事に対する作者の捉え方に焦点があるのに対して，複数の章段の内容の比較，または作品全体の内容から総合的に兼好の人物像を想像しようというものである。たとえば，第52段（仁和寺にある法師）と第236段（丹波に出雲といふところあり）との比較や，さらには第89段（奥山に，猫又といふものありて）なども合わせて比べ読みをすることによって，聖職者に対して，兼好がどのような視点や考えでものごとを眺めていたかを読み取らせるというものである（なお，このような学習は公開授業を中心に実践例が多数にのぼるため個別には言及しない)。

複数の章段から兼好のものの見方を読み取る学習は中学校に限らない。高校の国語総合（古典編）や国語Bの教科書でも，第109段（高名の木登りといひしをのこ）と第92段（ある人，弓射ることを習ふに）を「達人」として並べて採録するなど比べ読みを意図した章段の配置が見られる。

(3) 読みを通して古典の世界に親しむ

中学校の古典の学習では，現代語訳が教科書に併記されており文法事項もほぼ教える必要がなく，古典の世界に親しむことが目標である。その結果，おそらく消去法的な理由から音読，暗唱などの「読み」に時間をかけることが多くなっている。ただし，忘れてならないことは，読み自体を目的化するのではなく，それを通して何を学ぶかということである。もちろん古典の学習の入門期である中学校段階では，本文を「読んで楽しむ」という活動により，古典に対する苦手意識が緩和されることも期待される。しかし，たとえ入り口は音読であったとしても，何度も通読し暗唱する段階に至れば，読書百遍意自ずから通ずで，学習者にとっても内容がおのずと腑に落ちることになる。たとえば，第52段の「先達はあらま欲しきことなり」がどのような作者の捉え方から思わず口をついて発せられたのかを容易に想像し，共感することもできるようになるであろう。もう一歩進めることができれば，新指導要領に「長く親しまれている言葉や古典の一節を引用するなどして使うこと。」（伝統的な言語文化，（中）第3学年イ）とある目標さえ学習の射程に入ってくることも十分に期待できる。

(4)　高校生段階の「徒然草」の学習

高校の授業では，現状よく行われている文法中心の知識注入型授業に代えて，積極的にアクティブ・ラーニング型学習を導入していきたい。ただし，若杉（2018）でも指摘されるように，単純に登場人物の考えや気持ちを捉えることにグループで取り組むだけでは，発達段階に相応しい生徒の興味関心を引き出す授業にはなりにくい。石塚（2013）も言うように，教師は「生徒たちに懸命に「想像力」を発揮させ，なんとか古典の世界に引き込もうと」（同 p. 4）努力すべきで，より主体的に学習に取り組める課題を設定する必要がある。たとえば，どの登場人物に注目するか，またその生きざまや考え方をどのように捉えるか，さらにその人物の最期をどのように評価するかなど，課題の設定そのものを学習者に譲渡する方法も考えられる（時には，教師は口を出さずに生徒の自由に任せてみることも必要である）。(1）を承けた学習課題であるが，高校生段階であれば，作品全体を通して作者の考え方に繋がる語句に着目できるようになるとよい。また自分の経験や感想を語るだけではなく，作品中の表現や文体的な特徴から根拠を示して論理的な説明ができるようになることが望ましい。

3.　CHJ を活用した古典の授業

CHJ を活用した教材による言語活動や検索結果に基づいて作成された資料をもとにした学習活動の場合，現代語訳を中心に進めるのであれば，古典の学習の入門期である中学校段階でも成立する可能性はある。しかし学習者が直接 CHJ を利用して主体的に問題意識を持って学習活動を行う場合，難易度は高くなる。学習者によっては中学校3年生程度でも可能であるかもしれないが，おそらく高校受験を控えた時期で発展的な古典の学習を行う余裕はない。よって，以下高校の生徒を意識した，「言語文化」もしくは「古典探究」で実践可能な CHJ を活用した学習課題を紹介する。

(1) 気になる言葉を調べる

中学校段階の古典の学習では，多くの場合教師が本文から指定して重要語句（内容の解釈や授業の展開に欠かせない語句）を取り上げる。高校の古典の学習では，それ以外にも本文を読み込む中で学習者が気になった語を独自に調べることも多い。その際，辞書の説明が分かりづらければ，用例に頼るしかないのであるが，例解古語辞典類であっても用例はさほど多くは示されず，調べている箇所が用例として上がっていることも少なくない。それに対して，CHJ は適切に検索できれば，用例の宝庫である。コーパスなど ICT 活用の最大の強みは，多様で大量の情報の収集，整理が容易に行えることにある。第 2 の古語辞典と考え，従来型の古語辞典と並行利用することによって，古文に対する理解をより深めることができる。

(2) 作中の言葉から，作者のものの見方や考え方を探る

高校の「徒然草」の授業でも，一通り読解した後，本文中から作者のものの見方や考え方を表した箇所や語句を探しだすという学習が散見される。基本的に本文内で完結するので学習者の思考の流れを教師がコントロールしやすいという点では安心感がある。一方で，石塚（2008）が「作品の知識をもたせることは否定しないけれども，それに終始する古典教育であってはならない。」（同 p. 3）と指摘するように，時には学習者の興味関心に従って，教師の掌から飛び出して作品と向き合う学習活動も必要である。それにはコーパスを利用した学習が最適である。CHJ で検索すれば，対象が作品全体に一気に拡大するため，教師が意図した範囲内に収まらないこともある。また CHJ を利用した調べ学習では，以下の実践のように特定の答えを想定せずに様々な語を手当たり次第検索した結果から，作者がどのような人物であったのかを想像するといった自律的な発見学習も可能である。その結果，予想外の新たな人物像が浮かび上がることもある。このように既習の知識にだけとらわれることなく，得られた結果を批判的に受け入れてどのように消化していくかが求められる高校生段階での古典のアクティブ・ラーニング型の学習と言えよう。

余談ではあるが，現在の教育現場での古典の学習は発展的なものも含めて，複章段を比べ読みすることがあったとしても，教師があらかじめ用意したか他

に教科書に収録された章段やその周辺で完結することがほとんどである。本書で紹介するCHJは通時的「日本語歴史コーパス」で，その最大のメリットは，ある語句や表現の歴史的な変遷を容易に追うことができることにある（実際CHJはそれに適したように設計されている）。新学習指導要領に「時間の経過による言葉の変化や世代による言葉の違いについて理解すること。」（言葉の由来や変化，（中）第3学年，ウ）とあるように，中学校の古典の学習であったとしても将来的には，コーパスを活用して作品や時代を超えた語句や表現の変遷を追うような発展的な学習が実現できる可能性がある。

4.　学習指導計画と授業実践

(1)　「徒然草」の学習計画の系統

前述のように，「徒然草」は，小・中・高校のすべての教科書に掲載されている。序段や第52段をはじめとして定番化された章段も多い。しかし各章段を貫く言語活動や学習の系統性が作られているわけではない。また安易に登場人物や兼好のものの見方や考え方を想像させた結果，作品理解を深められない学習活動が多く行われていることも問題である。

そこで，本項では，「徒然草」に対応した小・中・高校における各章段を貫く学習系統を図表2.15のように提案する。新学習指導要領の指導項目である，「知識および技能」「思考力・判断力・表現力等」に加えて，想定する「言語活動」と，指導したい「言語事項」を付記した。

(2)　学習指導計画（高校）

図表2.15の系統表をもとに，高等学校での学習指導計画を記す。

[単元の目標]　CHJの検索を通してデータベースを活用する体験をしたり，複数の手段で資料を調べたりすることによって，客観的な根拠に基づいた自分の考えを述べる。

[実践協力校など]　本実践授は，平成30年3月26日に金沢高等学校で実施した。授業参加者は高校1年生の特進クラスの生徒で，授業者は同校の江口遼至教諭，筆者はCHJの利用補助などを行う授業補助者として実践授業に参加した。

図表 2.15 「徒然草」を通した学習系統

	知識および技能	思考力, 判断力, 表現力など	主な言語活動	言語事項
小学	古典について解説した文章を読んだり作品の内容の大体を知ったりすることを通して，昔の人のものの見方や感じ方を知ること。(小5・6イ)	文章を読んでまとめた意見や感想を共有し，自分の考えを広げること。(小5・6読むことカ)	○音読したり，暗唱したりして，語句の違いや古文独特のリズムに気付く。 音読し合い，どの部分が面白かったのかを交流する。	音読，暗唱 古文独特のリズム
中学	現代語訳や語注などを手掛かりに作品を読むことを通して，古典に表れたものの見方や考え方を知ること。(中2イ) 時間の経過による言葉の変化や世代による言葉の違いについて理解すること。(中3ウ)	目的に応じて複数の情報を整理しながら適切な情報を得たり，登場人物の言動の意味などについて考えたりして，内容を解釈すること。(中2読むことイ) 文章を批判的に読みながら，文章に表れているものの見方や考え方について考えること。(中3読むことイ)	○出来事に対する作者の捉え方から，ものの見方や考え方を想像する。 本文だけでなく，必要に応じて同じテーマの他の章段と比べ読みをして共通点を見いだす。 現代の自分たちの生活においても同様の状況がないか体験を振り返ってみる。	ものの見方，考え方（人間観察） 鎌倉時代 出家 批判的な読み
高校	古典の世界に親しむために，古典を読むために必要な文語のきまりや訓読のきまり，古典特有の表現などについて理解すること。(言語文化，伝統的な言語文化ウ) 古典を読むために必要な文語のきまりや訓読のきまりについて理解を深めること。(古典探求，伝統的な言語文化イ)	作品や文章に表れているものの見方，感じ方，考え方を捉え，内容を解釈すること。(読むこと，精査・解釈言語文化，イ) 必要に応じて書き手の考えや目的，意図を捉えて内容を解釈するとともに，文章の構成や展開，表現の特色について評価すること。(読むこと，精査・解釈古典探求，ウ)	○体験や自分の考え以外の客観的な根拠に基づいて意見を述べる。(言語文化) ○作品全体を通しての語彙や表現などの特徴に着目して，作者の執筆態度に迫る。(古典探求)	無常観 語句や表現の特色 文章の構成や展開 現代との比較 批判的な読み

[授業準備]

・CHJ 利用アカウントの用意：CHJ を利用するためには，本来利用者が個人で利用アカウント申請をする必要がある。今回は投げ込み教材による実践であるので，実践協力校の国語科教員にも依頼して，複数のアカウントを確保した。学習の形態にもよるが，1クラス35人前後として，6人グループごとに

1台程度の端末が用意できればICTの利用環境としては十分である。

・ICT環境と利用端末の用意：今回の実践協力校である金沢高等学校は，すでに教室にICT環境が整備されており，生徒達も学習用に個人のタブレット端末を所有しており，基本的な操作は習得済みであったため事前準備に割く時間は少なかった。

机上の限られたスペースを考慮すると，できれば小型のタブレット端末が最適である。また，タブレット端末の直接的に画面に触れて入力するインターフェイスは，PCより筆記用具でノートに書き込む感覚に近い。ノートに重ねて使用できることも利便性を高めている。

・資料の用意：教科書である「新探求国語総合古典編」（桐原書店）の他に，本授業で使用するワークシートと検索する語を探すための『読んで見て覚える重要古文単語315』（桐原書店）を準備させた。

[第1時]

・学習のめあて：CHJの基本的な操作を習得しよう（図表2.16）。

図表2.16

学習活動	指導上の留意点
・これまでに学習した「徒然草」の章段について復習する。 ・序段を参照して，課題「作者のものの見方や考え方について」への見通しを立てる。 ・各自の端末でCHJの設定・動作確認を行う。	・教科書で本文を確認するとともにノートや配布したプリント類にも目を通させる。 ・必要に応じて適宜質問をする。 ・ゆさぶり発問をする。 ・スクリーンに投影してCHJの検索方法を実践してみせる。

[第2時]

・本時のねらい：CHJを活用して，形容詞・形容動詞の使用状況を調べ，その語句が使われている文脈から，作者のものの見方を捉えよう（図表2.17）。

[第3時]

・本時のねらい：他人の振り返りを参照したり，他の資料も調べたりして，考えを深めよう（図表2.18）。

図表 2.17

学習活動	指導上の留意点
・課題と検索方法の復習をする。 ・課題解決のための具体的な検索方法を知る。 ・調べ学習をする：CHJ を用いて，語句の使用状況や本文の内容を調べる。 ・現代語訳のサイトも見て確認する。 ・ワークシートに結果を書き出す。 ・交流する：まずグループ内で交流し，振り返りをまとめる。その後 google フォームに投稿してクラスで共有する。	・スクリーンに投影して説明する。 ・形容詞，形容動詞に限定して検索する。CHJ の検索の条件設定の確認をする。 ・検索方法の指導，結果の読み取り（授業補助者も協力）の支援を行う。 ・グループ内で役割分担を決め，作業を分担するよう促す。 ・交流には，google フォームおよびテキストマイニングアプリなどを活用する。

図表 2.18

学習活動	指導上の留意点
・前時の個々の振り返りをクラス全体で共有する（プリントも配布）。 ・プリントなどを参照して，課題に迫るために具体的に知りたい内容を書いた人から聞く。 ・必要に応じて，調査を進める（CHJ，web，図書館の資料）。 ・課題に対する振り返りを書く。	・いくつかの異なる意見を取り上げる。 ・自分と異なる意見，よく分からない意見を書いた人に優先して聞くよう指導する。 ・図書館の資料の活用も促し，図書館司書の協力も仰ぐ。 ・総まとめなので十分な時間を確保する。

(3) 授業実践

[第 1 時]　「徒然草」の復習と CHJ を利用するための準備にあてた。

[第 2 時]　（本実践の主要部は本時）簡単に前時での課題「作者のものの見方や考え方について」の確認と検索方法の復習をした（5 分）。このクラスはこれまで第 236 段（出雲），第 89 段（猫又）などの章段を学習してきている。それも踏まえて本時では「徒然草」全体を対象として形容詞や形容動詞の使用状況（使用頻度の偏り）に着目して，CHJ を活用して課題に取り組むことにした。形容詞，形容動詞に着目させたのは，作者のものの見方や考え方が評価としてそれに反映されていると考えたからである。基本的な作業は 4 人ごとのグループに分かれて行い，教科書や単語帳を利用して調べ学習を行った（20 分：図表 2.19）。

検索結果の誤読を防ぐために，必要に応じて web で現代語訳の紹介サイト（適切なサイトを事前に指定）を参照することも推奨した。検索結果を語別に使用頻度と代表的な用例を枠内に書き込む形式のワークシートに記入して整理さ

図表 2.19　調べ学習の様子

せた。記入結果を集計すると，検索された形容詞，形容動詞は全部で54語で，検索した人数が多い語は以下の通りである。

12名：くちおし，11名：こころにくし，10名：いみじ，めでたし，8名：をかし，7名：あさまし，6名：わろし，5名：なまめかし，むつかし，4名：ゆゆし，3名：あはれ，あやし，うるはし，けし，さかし，まさなし，むげなり（以上，上位17語）

多くの生徒が検索した語には，ネガティブな意味の強い語（上位17語中下線の8語）も多い。これらの語がすべて作者のものの見方や考え方を反映しているわけではないが，これまでの学習で生徒たちが捉えた作者像の一端を表しているように思う。その後，ワークシートをもとに，グループ内で整理した語から，作者のどのようなものの見方や考え方，人物像が見えてくるかを話合い交流した（10分）。この段階でも，生徒たちから「ものごとを二極化して捉える傾向がある。」「理想の人物像がとても高いためほぼ全員に対して物足りなさを感じている。」といった，新たな作者像が提出されており，CHJの活用が生徒たちに新たな視点を提供できる可能性が示唆された。最後に，Googleフォームを利用してタブレット端末から振り返りを入力させ（5分），即座に集計してスクリーンに写し出し，「UserLocal テキストマイニングツール」（https://textmining.userlocal.jp/）を利用して，提出された意見をビジュアル的に関連付けてクラス内で共有し，授業のまとめとした（5分：図表2.20）。

今回のような外部の研究者が協力して実践されたICTを活用する国語科の授業は，ICTを活用した授業を多数実施している金沢高校においても新しい試みであったため，多くの参観者を迎えることができた（図表2.21）。他教科の教師にとってもICTを活用した国語科の授業が関心の高いものであることが伺える。

[第3時]　図書館に移動して学習を実施した。まず，前時の復習として，第2時にgoogleフォームで共有した振り返りをプリントにまとめ配布した。それを

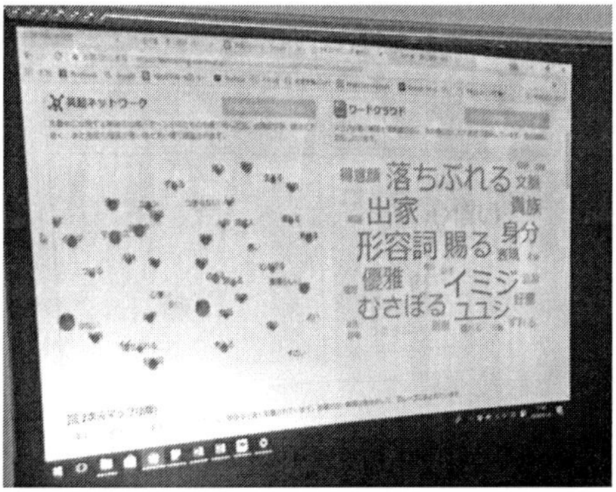

図表 2.20　テキストマイニングで共有

図表 2.21　参観者で賑わう授業

読んで，自分と異なる意見やよく分からない意見を見つけ，なぜそうなるのかを書いた本人に確認するという交流を行った。必要があれば CHJ を利用して追加で調査させ，調べたい内容によっては，CHJ より，訳文や頭注がついた「新編古典文学全集」（小学館）で当該の章段に当たる方がよい場合もあるので，図書館の資料にも当たるよう促した。その際，図書館司書に調べ学習の補助を依頼した。本実践のような調べ学習では，CHJ だけで完結することはなく，文学全集なども含めた他の媒体と相互に活用することで効率的に理解を深めていくことができる。

5. 今後の課題

CHJ は，当面のところ用例検索用の第2の古語辞典として，スポット的に古典の学習の中に組み込んでいければ十分である。多くの教室では未だ ICT 環境が十分ではないし，いずれ改善されるであろうが，学習用コンテンツとしてみた場合，現行の CHJ ではまだ十分には現場の要求を満たしていないからである。一方で，すべてではないにしてもアクティブ・ラーニング型学習への転換が求められている状況に鑑みると，筆者はいずれ間違いなく CHJ が古典の学習において不可欠な学習支援ツールになると確信している。今後，CHJ を効果的に活用した授業の開発に向けて，多くの実践者が継続的に実践を積み重ねていくことが肝要である。

引用・参考文献

石塚　修（2008）「伝統的な言語文化の尊重に向けて」『月刊国語教育研究』440，日本国語教育学会。

石塚　修（2013）「想像力を育成するための古典の授業とは」『月刊国語教育研究』497，日本国語教育学会。

河添房江 編（2018）『アクティブ・ラーニング時代の古典教育　小・中・高・大の授業づくり』東京学芸大学出版会。

若杉俊明（2018）「高等学校で古典を学ぶことの意義や価値を実感できる指導へ」『月刊国語教育研究』549，日本国語教育学会。

2.6
『おくのほそ道』を模して擬古文を書く
—単元「修学旅行の体験を擬古文にしよう」—

河内昭浩・下田俊彦

『おくのほそ道』の学びを生かし，修学旅行の体験を擬古文体の紀行文にするという授業実践を，中学校教諭とともに行った。まず現代語で紀行文を書き，その後『現古辞典』等を活用して，現代語を古典語に変換するという言語活動を行った。言葉を通して古典と現代のつながりについて考えるという，「言語文化」並びに「通時コーパス」の理念に基づく実践である。

1. 本文および解説

本文

立石寺

山形領に立石寺といふ山寺あり。慈覚大師の開基にして，ことに清閑の地なり。一見すべきよし，人々の勧むるによつて，尾花沢よりとつて返し，その間，七里ばかりなり。

日いまだ暮れず。ふもとの坊に宿借り置きて，山上の堂に登る。岩に巌を重ねて山とし，松柏年旧り，土石老いて苔滑らかに，岩上の院々扉を閉ぢて物の音聞こえず。岸を巡り岩を這ひて仏閣を拝し，佳景寂寞として心澄みゆくのみおぼゆ。

閑かさや岩にしみ入る蝉の声

解説

作者…　松尾芭蕉

芭蕉の本名は宗房，伊賀国の生まれ，寛永 21（1644）年のこととされる。

やがて江戸へ渡り「桃青」を号とし，その後江戸深川に至り「芭蕉」を号とする。

貞享元（1684）年，『野ざらし紀行』の旅に出る。以後，旅は『鹿島紀行』『笈の小文』『更級紀行』と続き，『おくのほそ道』の旅に出たのが元禄 2（1689）年の春とされている。

蕉風と呼ばれる句風を確立した俳諧の芸術的完成者である。

作品…　『おくのほそ道』

「月日は百代の過客にして，行かふ年も又旅人也。（初段）」という著名な冒頭文が示すように，芭蕉は旅の記録文を残したのではない。『おくのほそ道』は，散文と俳諧で構成された「紀行」という文学である。

出立は元禄２（1689）年の「弥生も末の七日（第２段）」。門人曾良を伴い，江戸から奥州，北陸へと巡り，美濃国大垣まで渡る。その道程が紀行文学として著されている。

章段…　「立石寺」

『おくのほそ道』第31段に当たる。『曾良随行日記』によれば，「立石寺」を訪れたのは，元禄２（1689）年，旧暦の５月27日のことのようである。「閑かさや」の句で，『おくのほそ道』の中でもよく知られている章段の一つである。

現在，全５社中，２社の中学校国語科教科書に収められている。

2.　擬古文を書く意義

(1)　現代日本語への認識力を高める

本単元では，『現古辞典』（河出書房新社）を活用して，現代語で書いた紀行文を古典語に変換するという言語活動を行った。『現古辞典』は，現代語から古典語を引くことのできる辞典である。たとえば「アクセサリー」の項には，「よそひ」「よそほひ」などの古典語が，古文の用例とともに提示されている。『現古辞典』の執筆者であり，本プロジェクトメンバーでもある鈴木 泰は，古典語で作文を書く意義を次のように述べている。

> 日本の教育ではひごろつかっている日本語の特殊性を生徒がはじめて認識するのは，皮肉なことに英語教育の場面においてである。しかし，古典語作文というかたちで古典語と正面から対決することを通じるなら，それは国語教育のなかでも可能である。自国の文化とともに母国語を対象化する機会になるということは，外国語教育の目的の一つであるが，日本語の場合はそれは外国語教育を通じなくとも古典語の教育のなかでも十分に可能になるという意味でも，古典語作文を通じた古典語教育の意義は大きいと考えられる。（通時コーパス国語教育グループ研究会発表資料，2016年８月）

鈴木は，外国語を学ぶことと同様に，「古典語作文というかたちで古典語と正面から対決すること」で，日本語に対する認識力を得られると述べている。本単元の擬古文作成という言語活動も，単に古典の学びを深めるためだけのものではない。擬古文の作成を通じて，日本語そのものへの関心や認識力を高めることをねらいとしている。

言葉に対する認識力の育成は，新しい学習指導要領の求める重要な事項の一つである。

新しい中学校学習指導要領国語科の目標の一つには，「言葉がもつ価値を認識するとともに，言語感覚を豊かにし，我が国の言語文化に関わり，国語を尊重してその能力の向上を図る態度を養う」とある。

また新しい学習指導要領が求める「主体的・対話的で深い学び」の「深い学び」については，各教科などの「見方・考え方」を学びの中で働かせることが重要であるとされている。国語科では，「言葉による見方・考え方」がそれに当たる。「言葉による見方・考え方」とは，「生徒が学習の中で，対象と言葉，言葉と言葉との関係を，言葉の意味，働き，使い方等に着目して捉えたり問い直したりして，言葉への自覚を高めること」であると説明されている（『中学校学習指導要領解説国語編』，2017 年 7 月，12 頁）。

日本語の価値を認識し，自覚を高めるためには，対照となる言語があるとよい。外国語の学びは，日本語の，他の言語との相違点を知るうえで効果的である。しかし古典語であれば，相違点とともに，現代語と古典語の共通点についても深い認識を得ることができる。さらに，通時という観点で日本語をとらえることができるようになる。通時の言葉の学びについて，次項で簡単にまとめる。なお詳細は第 1 章を参照してほしい。

(2) 通時という観点で日本語をとらえる

新しい中学校学習指導要領国語科第 3 学年には，「時間の経過による言葉の変化や世代による言葉の違いについて理解すること」という指導事項がある。この指導事項について『中学校学習指導要領解説国語編』には，「『歴史的背景などに注意して古典を読むことを通して，その世界に親しむこと』との関連を図ることが考えられる」（111 頁）とある。

本単元は，まさに古典に親しむことと関連させた通時の言葉の学びの場となっている。また本単元は，日頃「通時コーパス」を通して古典を眺めることにより着想し得たものである。本単元では，コーパスそのものは使用していない。しかし，「通時コーパス」の理念に基づく新しい古典・言語文化の指導の一形態であると考えている。

3.「つながり」でつくる学習単元

すでに述べてきたように，本単元は古典語と現代語のつながりを学ぶ学習単元である。しかし本単元を構成する「つながり」はそれだけではない。以下に，教科等間のつながりと，教員間のつながりについて述べる。

(1)　教科等間のつながり

新しい中学校学習指導要領国語科の「指導計画作成上の配慮事項」の一つに，「言語能力の向上を図る観点から，外国語科など他教科などとの関連を積極的に図り，指導の効果を高めるようにすること」という項目がある。この項目について，『中学校学習指導要領解説国語編』では次のように説明がある。

> 言語能力は，全ての教科等における学習の基盤となる資質・能力である。このため，第１章総則の第３の１（2）において，「言語能力の育成を図るため，各学校において必要な言語環境を整えるとともに，国語科を要としつつ各教科等の特質に応じて，生徒の言語活動を充実すること。」とされているとおり，言語能力の育成に向けて，国語科が中心的な役割を担いながら，教科等横断的な視点から教育課程の編成を図ることが重要である。（135 頁）

「教科等横断的な視点」は，すでに現行の学習指導要領でも求められているものである（「各教科等及び各学年相互間の関連を図り，系統的，発展的な指導ができるようにすること」）。しかし，学校現場で実際に教科など横断的な授業が行われる機会は少ない。新しい学習指導要領では，国語科を要とした教科など横断的な言語活動の充実が一層求められている。教科をつなぐための国語科の役割は，これまで以上に大きくなっているといえる。

本単元は，修学旅行の体験を擬古文の紀行文にするという言語活動が軸となっている。特別活動としての修学旅行や，総合的な学習の時間としての修学旅行に向けた調査活動等と，密接に結びついた国語科の実践となっている。国語科の中の古典分野と現代文分野のつながり，そして国語科と特別活動，総合的な学習の時間のつながりをもとに作り出した単元である。

(2) 教員間のつながり

修学旅行の体験を紀行文にするために，旅行中に，生徒にはその日の出来事をメモしたり，1日1句の俳句を残したりすることを求めた。修学旅行を率いるのは学年に属する中学校の教員である。教科をこえた教員間の理解と連携なしにはこうした実践は行えない。

また国語科の授業を，中学校教員と大学教員が連携して行った。主に古典の読解に関する部分を中学校教員（下田）が，主に紀行文指導に関する部分を大学教員（河内）が担当した。

従来，研究的な授業実践を構築する場合，理論的部分を大学教員が担い，実際の授業を学校現場の教員が担当することが多い。しかし本単元では，大学教員，中学校教員がともに授業者であり，ともに単元の設計者でもある。新しい「理論と実践の融合」，新しい「大学と学校現場の連携」の実践である。

4. 単元「修学旅行の体験を擬古文にしよう」

(1) 学習の流れ

本単元の学習活動の流れは以下の通りである。

①「紀行文」の書き方を学ぶ

②京都・奈良修学旅行に行く

③教科書で『おくのほそ道』を学ぶ

④『おくのほそ道』の学びを生かし，修学旅行の体験をもとに現代文で紀行文を書く

⑤現代文で書いた紀行文をもとに，擬古文で紀行文を書く

本単元を行う前年に，『おくのほそ道』の学びを生かし，修学旅行の体験を現代語で紀行文を書く言語活動を行った。河内ら（2017）に詳しい。本単元では前年の流れを踏襲し，前年同様に現代語で紀行文を書き，さらにそれを古典語に変換するという言語活動を行った。

なお学習活動の詳細を，(5) 指導計画に記している。また特に，作成した擬古文の交流活動を行った授業実践の内容を (6) 授業の実際（第14時の学習指導案）にまとめている。

(2) 擬古文を書く上での注意点

擬古文を書くにあたり，生徒にいくつかの注意を与えた。以下，生徒に配布したワークシートからの抜粋である。

①紀行文を三つの段落に整えよう

・記録描写…いつ，どこに，どのように

・情景描写…風景に気持ちを込める

・俳句…五七五，季語

②文末表現を古文にしよう

・～がある。～があった。→　あり

・～でいる。～だった。→　なり，たり，ぬ，つ　など

③『現古辞典』を使おう

・新しい　→　あらたし　　・美しい　→　うるはし，きよらなり

・おもしろい　→　をかし　・がっかりする　→　くちをし　など

④その他注意点

・すべてを古語にする必要はない。

・自分の気持ちや風景に合った言葉を『現古辞典』から探し，自分の好きな古典語に置き換えてみる。自分の気持ちや風景に合った言葉が辞書に見つからなかったら，無理に古典語に置き換える必要はない。

①は，紀行文としての体裁を整えるための注意である。単に注意を与えるだけではなく，本単元に入る前に，実際に紀行文の書き方の指導を行っている。

②は，『現古辞典』にはない要素の説明である。『現古辞典』は自立語が対象であるため，付属語は同辞典で検索できない。そこで現代語に対応する古典語の付属語の例をいくつか示した。ただし④にあるように，すべてを古典語に置き換える必要がないことを注意した。すでに述べてきたように，完全な古典語の紀行文を書くことが目的ではない。擬古文作成を通じて，古典語に関心を持つこと，現代語への認識力を高めることが目的であることを生徒に伝えた。

またここでは紙面の都合上示さないが，古典語の紀行文作成のための練習問題を与え，単元の学習に備えた。

(3) 授業日時等

①単元名：修学旅行の体験を擬古文にしよう

②実践時期：2017年9月

③学習者：群馬県A中学校第3学年

以下（4）～（6）は，中学校教諭の下田の記述になる。

(4) 単元の目標

修学旅行の学びと古典の読解をつなげた学習において，時間の経過による言葉の変化への理解を深め，目的や意図に応じて自分の思いや考えを表現する力を高める。

(5) 指導計画（全14時間）

[評価規準]

・わが国の言語文化に関わり，自分の思いや考えを伝え合おうとしている。

・文章を互いに読み合い，表現の仕方などについて評価して，自分の表現に役立てるとともに，ものの見方や考え方を深めることができる。

・時間の経過による言葉の変化について理解している。

[第1次]（第1時～第2時：2時間）

①伸ばしたい資質・能力

・目的意識や相手意識をもって『おくのほそ道』を読み，内容を理解しようとする態度

②主な学習活動

・「立石寺」の場面を読み，「紀行文の良さ」が感じられる部分を考える。

・紀行文に記す「俳句」について学びを深め，休暇中の出来事を俳句で表現する活動を行う。

③指導上の留意点

・「紀行文」は，文学表現の一形態であることを，例を用いながら説明する。

・授業後に生徒の作品を廊下に掲示することで，今後の創作活動への意欲を高められるようにする。

[第2次]（第3時～第6時：4時間）

①伸ばしたい資質・能力

・表現の特色や作者の心情の伝え方を知り，自分の作品にどう生かすかを構想できる力

②主な学習活動

・映像資料を視聴し，京都・奈良の歴史や精神性を知り，紀行文の題材を考える視点を学ぶ。

・『おくのほそ道』の「平泉」「立石寺」の場面について，歴史的背景などに注意して作品を読み進める。

③指導上の留意点

・京都・奈良は単なる観光地ではなく，古人の眠る鎮魂の地であることを理解できるようにする。

・作者や時代背景を知ることで，作品の世界をより実感的に捉えられるようにする。

［第３次］（第７時～第10時：４時間）

①伸ばしたい資質・能力

・文章を互いに読み合い，表現の仕方などについて評価して，自分の表現に役立てるとともに，ものの見方や考え方を深める力

・我が国の言語文化に関わり自分の思いや考えを伝え合おうとする態度

②主な学習活動

・紀行文に書く「場所」を考え，その場所で感じたこととその理由を整理して原稿用紙に書く。

・紀行文の内容がよりはっきりと分かるようにするために，どこをどう書き換えたらよいかをグループで話し合う。

・交流活動を通して気づいたことに基づいて，自分の紀行文をリライトする。

③指導上の留意点

・「立石寺」の場面を例に，気持ちを「じんわり」と伝えるという文学の特性について意識させる。

・多様な視点について考えられるように，紀行文の周囲に余白のあるワークシートを用い，コメントを自由に書き込めるようにする。

・交流では，班ごとに自分の作品をリライトする時に生かせそうな視点や観点

をホワイトボードにまとめ，全体で共有する機会を設ける。

[第4次]（第11時～第12時：2時間）

①伸ばしたい資質・能力

・時間の経過による言葉の変化について理解すること

・自分たちが使っている言葉との関係性を見いだす力

②主な学習活動

・目的や意図に合わせて紀行文を整えるという学習課題をつかむ。

・『現古辞典』を活用して，自分が書いた紀行文の言葉を古語表現に書き直す。

③指導上の留意点

・擬古文の特徴や言葉のつながりについて認識できるようにする。

・言葉が持つ曖昧性や読み手がどのように受け取るかを考えて，言葉を選ぶようにさせる。

[第5次]（第13時～第14時：2時間）

①伸ばしたい資質・能力

・目的や意図に応じた表現になっているかなどを確かめて，擬古文の文章全体を整える力

②主な学習活動

・よりよい紀行文にするための方法を話し合い，紀行文を推敲する。

・「言葉」を捉え直した過程の場面を交流し，推敲の根拠を評価し合う。

・単元の振り返りを行い，次の学びにどうつなげていくかを考える。

③指導上の留意点

・自分の表現に生かせるようにするために，推敲や交流の過程に着目して考えるように伝える。

・目的や意図をより意識して考えるようにするために，修学旅行の事前学習で中学校2年生に向けて紹介する紀行文であることを再確認する。

(6)　授業の実際（第14時の学習指導案）

目標：紀行文を交流する学習において，修学旅行の事前学習で中学校2年生に向けて紹介する紀行文としてよりよい文章にするために，どこをどう書き換えたらよいかを話し合う活動を通して，目的や意図に応じて，自分の思いや考え

図表 2.22

学習活動と予想される生徒の反応	時間	指導上の留意点および支援・評価
○前時までの学習を振り返り，本時の課題をつかむ	3	○作品をよりよいものにしようとする意欲を高めるために，芭蕉になぞらえて擬古文で表現することを確認する
目的や意図に合わせた表現にするための方法を考えよう。		
○グループで推敲後の互いの紀行文を読み，書き換えた理由や新たな改善策を交流する ・古文を多く使い過ぎてしまったので，分かりにくくなってしまったな ・助動詞を少し変えるだけで京都の雰囲気を伝えることができそうだな ・声に出しても意味が伝わるように言葉の選択に気をつけたいな	15	○話合いの観点や話題を明確するために，古語の選択や目的や意図に合わせた表現について特に着目するように伝える ○グループでの話合いのコメントを書き込めるようにするために，書き換えた理由や新たな改善策をまとめる欄を設けたワークシートを準備する ○推敲の結果だけではなく，どのように考えて書き換えが行われたのかを交流し合えるように，「言葉」に着目して活動するように伝える
○他のグループに紹介する紀行文を班ごとに一つ選び，どのように書き換えが行われたのかを交流する ・「あはれ」という言葉を他の班では使用しているな。2 年生は『枕草子』を学習した後だからわかるようだな ・「をかし」を「おかしい」という意味で理解する可能性があるのだな。前後の文脈も含めて自分の文章を見直そう ・興福寺に関する説明が少ない。行ったことがない人には分かりにくいな	22	○目的や意図に合わせた表現にする力を高め合えるようにするために，書き換えの過程や話合いに深まりが見られた紀行文を選ぶようにする ○生徒自身が方法を見いだせるようにするために，前時に考えた二つの紀行文を振り返るよう伝える 【書】よりよい紀行文にするための言葉の選択や目的や意図に合わせた表現について理解し，自分に生かせそうな点をワークシートに記入している（観察・ワークシート） ◎書き換えの過程に着目できていない生徒には，紀行文の現代文版で行った交流の活動を振り返るよう伝える
○より良い紀行文にするための方法について全体で共有する ・古語を使用する意図について，聞き合うことで問い直すことができるな	7	○全体で話合いの内容を説明できるように，作品の概要と改善策のポイントを班で共有する時間を設ける ○リライトする際の参考にさせるために，このときに出されたポイントをメモするように伝える
○単元の振り返りを行い，次の学びにどうつなげていくかを考える ・読み手を強く意識すると言葉の選び方や表記の選択が絞られてくるな	3	○書き手自身が次の学習への課題を見いだせるようにするために，単元全体から言葉を捉え直した過程を振り返るように伝える ○文学的な文章を読んだり書いたりする時に活かせるよう，学習内容を振り返るよう伝える

を表現する力を養う。

準備：『伝え合う言葉　中学国語 3』（教育出版），ワークシート，ホワイトボード

展開：図表 2.22

生徒の作成した擬古文の紀行文の例を一つ掲げる。

［生徒の紀行文例］

「天龍寺」 3 年 F

京都の嵯峨に天龍寺といふいにしへの寺あり。足利尊氏公の建立めさる寺で 678 年の歴史ありといふ。（中略）

奥の奥まで竹一色なり。上へ上へと懸命に伸びる若竹げにおもしろし。ゆれる竹の音いとゆかし。竹田家の間よりの光さらなり。一つ一つにぞ，心洗われぬ。

ひさかたの光の若竹猛々し。

「おもしろし」「ゆかし」などは，『現古辞典』を活用したものと思われる。また「洗われぬ」など，付属語にも工夫している。またさらに，「さらなり」や「ひさかたの」などの語は，既習の古典の学びを生かしていると思われる。

何より，修学旅行という中学生にとって楽しみに満ちた行事が，古典の学び，言葉の学びというフィルターを通すことで，かくも情緒に満ちた紀行文となることに，こちらが心打たれる思いである。

5. 今後の課題

日本語への認識の高まりの確かな評価など，本単元にはまだまだ至らない点も多い。ただ通時的・歴史的な言葉の変化への関心の高まりには確かな手応えがある。中学校現場と協力しながら，年々，学びを深めていきたい。

引用・参考文献

古橋信孝・鈴木　泰・石井久雄（2012）『現代語から古語を引く　現古辞典』河出書房新社。
鈴木　泰（2016）「現古文法辞典作成の研究目的」通時コーパス国語教育グループ研究会発表

資料，2016 年 8 月。
河内昭浩・藤本宗利・下田俊彦（2017）「中学校国語科における教科等横断型授業の構築―学習単元『修学旅行の体験を紀行文にしよう』―」『群馬大学教育実践研究』第 34 号，群馬大学教育学部附属学校教育臨床総合センター，13-22 頁。
後閑芳孝・今井奈なえ・下田俊彦（2017）「筋道を立てて物事を伝え，伝え合う力を高め，表現し合える生徒の育成」『研究紀要』第 64 集，群馬大学教育学部附属中学校，10-16 頁。

2.7

『白雪姫』の単語帳
―大学生による学習教材制作記―

須永哲矢

コーパスを利用した総合学習の一例として，大学でのプロジェクト学習の事例を紹介する。データに基づいた単語帳作成から，コーパスを利用した古典語作文まで活動が広がっていった流れを追い，活動成果物の例を示す。

1. コーパス・形態素解析を利用した，大学での「プロジェクト学習」

本節は大学での授業実践となるが，授業参加者がコーパスや形態素解析を利用して主体的な学習を進め，一つの成果物にたどりつくまでの過程を，総合学習の事例として紹介したい。

筆者の所属学科では，通常授業とは別に「プロジェクト科目」という科目が開設されている。教員による講義形式ではなく，参加学生が目標を設定し，方法を考え，主体的に活動する科目であり，筆者が担当しているプロジェクトでは「大学で学んだ専門知識と，この間まで高校生として教わる側だったという感覚を生かし，高校向けの学習教材を作ろう」という目標のもと活動してきた。第4節で紹介した総合学習教材もそうだが，教材を作るということ自体が教材を作る者に対しての教育にもなりうると考えてのことである。

本プロジェクト開始時点の目標は古典学習に最低限必要な単語の調査であったが，活動の流れの中で様々な目標設定が新たになされ，最終的には英作文のように古典語を作文するまでに至った。以下，総合学習の事例として，活動の流れを記す。以下の作業での教員の役割は，方法について相談を受け，手法について提案・指導を行うことであり，実際の調査研究・教材作成はすべて学生自身が行っている。

2.　プロジェクト学習の事例

(1)　発端―形態素解析を利用した古文単語調査

学習教材を学生目線で作ってみよう，というプロジェクトにおいて，当初企画されたのは，重要古文単語の抽出である。英単語の場合は早くからデータやコーパスを利用した統計に基づいた単語帳が作成されていたが，古文単語についてはデータに基づいた単語帳開発はあまり進んでいなかった。また，市販の単語帳は300語以上のものが多いが，これでも初心者には多すぎる。できることならごく初歩の，最低限の単語リストが欲しいと考えた（収録語数が少なすぎたらそれこそ本にならないため，市販の本にはないことをやることにもなる，と考えた)。そこでプロジェクトの目標として，教科書をデータ化し，そこに出てくる単語を抽出，高頻度語を重点的に抜き出して，最低限覚えるべき入門用の単語帳を作成するという課題を設定した。収録語数は少なければ少ないほどよく，「限界まで絞ったら，まずはこれだけ！」というリストを示そう，というのが当初の目的であった。

[実際の作業手順と結果]

①教科書のテキストデータ化と，形態素解析を利用しての単語集計

高校の教科書を1冊分テキストデータ化し，『中古和文Unidic』で形態素解析にかける。解析結果から「語彙素」列を抽出し，各語の出現頻度を集計する(Excelでピボットテーブルの利用や，countif関数の利用などの方法がある)。その結果，教科書1冊分に出現する単語（自立語）は，固有名詞を除いて1500語程度であることが明らかになった。

②出現頻度上位何位ぐらいまでを採るかの検討

続いて，「初歩の初歩としてはこれだけ覚えればよい」という線引きを確定させる。この時点で単語リストと各語の出現頻度は得られているので，「上位何語までで全体の何割をカバーできるか」という統計を取ることが可能である。調査の結果，上位300語程度でテキスト全体の約7割がカバーできることが明らかとなったため，まず上位300語に絞ることとした。

③指導すべき単語の選定

上位300語というとかなりの数のように思われるが，この数は「古典テキストに出てくるすべての語の上位300語」という意味であり，この中から「覚えるべき語」のみを絞り込むと，その数はかなり減る。図表2.23は，このプロジェクトでの調査の結果明らかになった，教科書内によく出る単語上位10語である。これを見れば明らかなように，その大部分は現代語としてもほぼ通じるものであり，いかにも「古文単語」らしいのは「給ふ」「いと」程度である。

図表2.23　教科書内出現高頻度上位10語

順位	1	2	3	4	5	6	7	8	9	10
単語	給ふ	こと（事）	す（動詞）	あり	思ふ	人	いと	見る	言ふ	出づ
頻度	371	135	129	114	97	95	91	75	74	72

そこで，上位300語のリストの中から，指導すべき語を学生に選定させる。この過程で，古文に含まれる語の中には現代にはない語，現代にもあるが意味が変化している語，現代と変化のない語があることに触れ，それらの実態や割合に触れる経験ができる。300語のリストを検討し，「最低限中の最低限」として選定した結果，図表2.24に示す66語の単語リストが得られた。

候補となる語を機械的に300語に絞ったとしても，その先，どの単語を選定

図表2.24　限界まで絞り込んだ「初歩中の初歩として覚えるべき古文単語」

年ごろ	はべり	かなし	つれづれ	ののしる	つかうまつる	覚ゆ
にほひ	さぶらふ	うつくし	など	具す	奏す	まかる
才（ざえ）	奉る	おもしろし	やがて	離（か）る	はづかし	こよなし
よろず	聞こゆ	すごし	さらに	かしづく	めでたし	ゐる
知る	参る	かたはらいたし	なかなか	給ふ	あやし	召す
隠（かく）る	仰（おほ）す	くちをし	いと	さかし	あまた	いみじ
念ず	おはす	心もとなし	いとど	すずろ	すきずきし	いか
おどろく	のたまふ	ゆかし	さ	まさなし	つと	おろか
しのぶ	おぼしめす	こころうし	しか	あはれ	かかり	かく
眺む	まうづ	らうたし				

するかということに関しては，現時点では明確な尺度はなく，参加学生の主観をもとに，意見交換を経て決定することになっているのが現状である（実際，この後教材化したものでは，バージョンによって収録される単語の出入りが生じている)。「現代には残っていない語」であればその時点で単語帳に収録しようという判断になるが，難しいのは現代にもある程度残っているが，形態もしくは意味に変化がある語に対しての判断で，どの程度の差があったら学習上要注意とするかはその場その場で判断せざるを得ない。将来的には判断基準の構築を試みる，という課題もあるのだが，現時点では個々の語に対し，現代語とのつながりと違いに触れ，自分たちで考える，ということをもって学生の学習経験しよう，というところまでである。

(2)　検　証

現代語とあまり変わらない語まで含んで300語，その中で最低限覚えるべき語を選定して約70語でデータ採集元の教科書全体の約7割がカバーできることが明らかになった。こののち，参加学生で実際の教材形式に作り上げていくわけだが，その前に検証作業を行った。ここで作成した単語リストが他の同レベルのテキストでも有効なのか，あるいはあくまで今回対象とした教科書限定の単語帳なのかを明らかにせねば，このような単語帳の作成法によって，一般性のある有効な単語選定ができるのかは判断ができない。

そこで作成した単語リストを，別の教科書に収録されている，今回は採られていない話に対して適用し，その場合のカバー率を測定するという検証実験を行った。

作業内容としては，(1) で示した工程同様，新たなテキストを形態素解析にかけ，語彙を抽出，頻度調査を行い，これを (1) で作成した単語リストと突き合わせる。これにより最初に作ったリスト内の語で新たなテキストでも何割程度をカバーできるかを算出できる。この検証作業は (1) とほぼ同じであるため，参加学生にとって形態素解析・語彙表作成の復習となり，このような作業に慣れる効果も期待できる。この検証の結果，特定の教科書1冊分をもとにして作成した単語リストが，他の教科書や，同レベルの古典定番の話に対してもほぼ同様に有効である（7割ほどがカバーできる）ということが確認できた。

(3) 教材形式の検討—例文の必要性と『日本語歴史コーパス』の利用

検証を終えた段階で，実際の教材形式の検討に入った。紙面構成，レイアウト等を学生が考えていくことになるが，その中で重要視されたのが例文を入れたい，という要望であった。確かに入門用の教材としては，単語とその意味が載っているだけではイメージがしにくく，実際の例文があるほうが学習効果は高くなることが見込まれる。そこで，選定した単語リストそれぞれについて，『CHJ 平安時代編』を利用して，用例採集を試みた。

しかし，「入門用教材」という観点においてCHJから実例を抽出してみると，教材としては問題があることが浮かび上がってきた。それは，「実例では難しすぎる」ということである。たとえば「恥づかし」という単語に「気が引けるほど相手が立派」という意味があることを示すための実例をCHJから探すと，(例文1) のような実例がヒットする。

(例文1) 宮も「かく恥づかしき人参りたまふを，御心づかひして見えたてまつらせたまへ」と聞こえたまひけり。(『源氏物語』「絵合」)

しかし，このような実例では「恥づかし」以外の語も入門としては難しい可能性があり，「恥づかし」の意味がわかっても結局文意はつかめないのではないか，という意見が大勢を占めた。学習者視点では，「該当単語以外は簡単な例文」が理想であり，さらに欲を言うなら「なるべく短く，例文内に覚えるべき語が複数，重点的に入っていると効率的」という要望が上がった。しかし，そんなに都合のいい実例は，まず存在しない。英単語であれば作例による簡単な例文が入るべきレベルであるが，英語と違ってネイティヴが存在しないこともあり，古典語の例文が作例であるということはあり得ない。しかし，ここはどうしても簡単な例文が欲しい。そこで多少の無理は承知の上で，自分たちで作るのはどうか，ということになり，英語学習において英作文をするように「古作文」を試みることとなった。

(4) 古作文

現代において，古典語を「読む」という技術に関する蓄積はあるが，英語等の外国語とは異なり，古典語を「話す」「書く」という技術の蓄積はほとんどされていない。外国語と異なり，古典語話者が存在せず，文語文を書くという風習もなくなったため，需要がないから当然のことである。しかし，古典語を言語として学ぶ以上，仮に実用面での需要はなくとも，「書く」「話す」ということを試みることは，「読む」こととは別の角度から理解を促すために，実は効果的なのではないだろうか。本プロジェクトでは，いかにして古作文をするか，という方法から手探りでの試みとなったが，今後，古作文というアプローチからの古典教育にも，様々な可能性がありそうである。ここでは，本プロジェクトが試みた古作文の過程を紹介する。

本プロジェクトでの古作文の出発点は，「入門用，要暗記単語（図表2.24で示した時点から多少出入りがあり，70語となっていた）をすべて入れ，なるべく簡単な文で，ひとまとまりのお話仕立てにしたい」という課題であった。本教材は，結果的には120～122頁に示すように「白雪姫」を古文化した形式をとったが，これは「白雪姫が好きだから既存のテキストを古語に“翻訳”してみた」というわけではなく，「手段として白雪姫を題材に古文を創作した」という位置づけの作業であった。以下，その時々に参加学生が考えたこと，作業したことを大まかにまとめる。

①例文となる話の選定―なぜ「白雪姫」にしたのか

目指すところが「例文集として機能する，ひとまとまりのお話」であれば，まずこの単語の使用ありきで本文から創作する方が効率的である。また，単語の意味を雰囲気込みで身につけてほしい，という観点からは，訳文は付けたくない，原文のまま読んで原文のまま理解してほしい，という意見も学生間で出された。となると，完全に創作のお話では読者が理解しにくいため，誰もが知っている話にすることが望ましい。ただし誰もが知っている話でも，日本の昔話では「本当の古文版」が存在するため，あえて古作文を創作することの意味は薄くなってしまう。そこで，「海外のお話で有名なもの」をテーマにしようということがまず決まった。この先は，収録する単語との兼ね合いによるテーマ選定である。まず敬語が複数入ることから，偉い人が出る話である必要がある。また，単語リスト内には「かわいらしい」，「美しい」といった評価が，微妙に異なりながら複数出てくることから，姫君的なポジションのキャラクターが複数名いるとよい。さらに収録単語上，食べたり死んだり，目覚めたり結婚したり，という展開が必要である。これらの条件を学生間で洗い出し，「白雪姫」であれば条件を満たした古作文ができるのではないか，という判断に至った。

②原文作成

古典語に訳すことを想定した上で，まずは現代語で原文を作成する。英作文することを想定して日本語文を書くような作業である。

(例文2)　ある王様が治める（知る）国に，とても（いと）美しい（きよらなり）けれど心の醜いお妃がいました。
お妃は不思議な（あやし）魔法の鏡を持っていて，何でも（よろず）魔法の鏡に尋ねます。

例文2は古作文の最初期稿であり，入れるべき単語をなるべく入れることを想定した上で作文している。(　) 内が入れるべき単語として想定されていた語である。

③語彙の置き換え

まずは原文の語彙を古典語に置き換える。例文3は原文，例文4は原文の語を部分的に古典語に置き換えたものである。

(例文3)　お妃がいました。お妃は不思議な魔法の鏡を持っていて，何でも魔法の鏡に尋ねます。
(例文4)　お妃がありけり侍りけり。お妃はあやしき魔法の鏡を持ちてありて，よろづも魔法の鏡に尋ね侍り。

例文3，4の下線部が現代語・古典語間を置き換えた対応箇所であるが，例文4は，学生の目で見ても「まだまだ自然な古文らしく見えない」という印象であった。少なくともここで「単語を置きかれれば古文になるわけではない」ということを知る機会が得られた。このような実験を機会として，どこに違和感があるかを探していくこと自体が学習を深化させることになった。

④古文らしさを目指しての調整

学生間でどこに引っ掛かりを覚えるかを意見交換し，実際の古文はどのような表現をしているのかを探る。ここで改めてCHJを利用し，実例における表現を参考に修正していく。また，JapanKnowledgeの利用も大いに役立った。

JapanKnowledgeで公開されている『新編日本古典文学全集』は，訳文を検索することが可能である。そこで，「現代語でのこういう言い方は，古典語ではどのような言い方になるのか」を現代語訳から検索し，古典本文をあたる，ということが可能になる。完全な正解はわからないにせよ，「よりそれっぽいもの」を求め，実例にあたって修正していく作業は，通常の読解とは全く別角度で古典語と向き合う機会となる。

（例文5）　妃あり。あやしき鏡を持ち，よろずのことをその鏡に問ひけり。

例文5は，例文4の修正版である。実例にあたりつつ，「「お妃」という言い方はしない」「格助詞「が」などはない方が古文っぽい」「現代のお話が「です・ます」調であっても，古典語のお話は「侍り」調でない方が自然」「「して＋いる」のような複合的な表現はあまりしない」「鏡に「尋ねる」というような「尋ぬ」の用法は，古典語ではあまり見られない」「古典語のお話の文末は「けり」が一般的」などの気づきを経て，修正した結果である。もちろん完全な古文らしさからはまだ遠い部分もあるが，学生の学習レベルで辿りつける現実的ゴール，および本来の意図が「学生にとって分かりやすい文」であり，完全な古文らしさそのものを求めているわけではない，ということからも，このあたりの完成度をもって一区切りとした。

3.　活動結果サンプル

ここまで紹介した流れを経て，古作文という形式に結実した学生作成の教材サンプルを，図表2.25に掲載する。形態素解析やコーパスを利用すれば，学生レベルでもこのような形式の教材を作成することが可能であり（図表2.25のサンプルは最終的な版組まで含め，すべて学生が作成したものである），本プロジェクトが当初古作文などは考えてもいなかったように，活動を通して様々な展開ができるはずである。

4. 今後の課題

コーパスは，かつて不可能であったことを様々な面で可能にしてくれるが，それは，かつて学生には不可能であったことを，学生でもできるようにしてくれる，という側面も含んでいる。コーパスの利用により，学生の主体的学習の幅は大いに広がると考えられる。また，現在はコーパスの使い方自体を考えるという時期でもあり，指導者および学生の創造性次第で，様々な可能性が開かれるはずである。

ここで紹介した活動は，形態素解析を利用した単語抽出と，コーパスを参考にした古作文という二つの作業にまとめられようが，最後にそれぞれの課題と可能性を述べる。

形態素解析を利用した単語抽出の方法については，今回は教科書 1 冊分であったが，たとえば作品ごとに語彙リストを作る，特定レベルの入試問題をもとに語彙リストを作るなど，同じ方法で様々な展開が可能であろう。少なくとも，テキストデータをもとに語彙表を作る，という手順自体は，慣れれば簡単な作業なので基礎スキルとして身につけておいて損はない。また，4 節に紹介したような総合学習教材を利用して訳の列も合わせた語彙リストを作れば，単なる出現頻度のみならず，「よく当てはまる現代語訳」などを明らかにすることも可能になるはずである。

また，古作文については，目的と方法によって様々な学びを導くことが可能であると考えられる。今回は「この単語を使う」ということを最初に決めて，その制約のもと作文したが，もともと存在する現代語の文章の古文語版を作る，というような「翻訳」を試みるならば，古作文はより困難になるはずで，そこでの発見も多くなるだろう。また，助動詞の意味を考えさせるために，助動詞部分のみを古作文化する，などという方法も考えられる。語彙（自立語）を入れ替えさえすれば古文らしくなるわけではないという発見は，文体の違い，機能語の違いについての目配りの必要性を示している。古典“語”というと自立語にに注目が行きがちだが，総合的に作文を試みることにより，自立語に限らない，現代語と古典語の違いにも目が向けられるのではないだろうか。

白雪姫

今は昔、はづかしき[1]人の知る国に、[2]
いとめでたけれ[3]と心醜き[4]妃あり。
あやしき[5]鏡を持ち、
つれづれなる[6]ままに
よろづのこと[7]をその鏡に問ひけり。
「鏡よ鏡、
誰*か世に
きよらなる[8]」
とて、
「君ぞ
きよらなる」と
答ふるを待つ。されど鏡は、[9]
「君が姫君、白雪姫ぞきよらなる。」

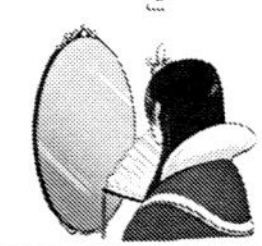

＊誰……古文での読みは「たれ」

【係り結び】
●係り結びと活用形
ぞ・なむ・や・か→連体形
こそ→已然形
君　きよらなり（終止形）
→君ぞきよらなる（連体形）
●意味は？
ぞ・なむ・こそ→強調
や・か→疑問
……ざっくりと、
「ぞ・なむ・こそ」は
「ぞ」で代表、
「や・か」は
「か」で代表して、
後ろに訳したら
だいたい意味が取れる
【例】
君ぞきよらなる
→君がきよらなるぞ
（あなたが美しいぞ）
誰かきよらなる
→誰がきよらなるか
（誰が美しいか）

【古文の「が」】
……「の」にあたる
意味の場合も多い。
「が」のままでは
意味がとりにくかったら
「の」で訳してみよう。
（現代でも、「自由が丘」
→「自由の丘」）
【例】
君が姫君？→「君の姫君」

五

単語	ここでの意味	解説
10. にほひ	美しい	[illegible]
11. 隠る	亡くなる	[illegible]
12. 給ふ (尊)	～なさる お～になる	[illegible]
13. かく かかる かかり	こう	[illegible]
14. まさなし	正しくない	[illegible]
15. いみじ	ヤバい	[illegible]
16. おぼしめす (尊)	お考えになる	[illegible]
17. 才	才能	[illegible]
18. あはれなり	素晴らしい	[illegible]
19. なつかし	心惹かれる、親しみを感じる	[illegible]

六

にほひ[10]、似るものなくめでたし」
と申す。この妃、白雪姫の母君
隠れ[11]給ひ[12]てのちの継母なり。
妃、鏡のかく申すを聞きて
「かかるやう[13]やはある。いと
まさなし[14]」といみじく[15]腹立ちて、
あやしき*山がつ*して白雪姫を
殺さむと思し召す[16]。山がつ、
姫君の才[17]ありて
あはれに[18]なつかしき[19]に、

【反語】
「～やは」「～かは」
のように、
係助詞「や」「か」に
「は」がつくと反語。
反語って？
……キツイ疑問によって、
そうでないことを強調。
そんな人いるか？（強調の疑問）
→そんな人いるか？！
（いないだろ！）
これが反語。
【例】
かかるやう（やう→様、様子、
有様、こと）やはある
→こんなことがあるか？！
（あるはずない…）

＊あやしき……ここでの「あやし」は「身分が低い」（〇ページ「あ、あやし」参照）
＊山がつ……猟師や木こりなど、山に住む身分の低いもの。「狩猟者」とかたちで出てくる語。

七

単語	ここでの意味	解説
10. にほひ	美しい	[illegible]
11. 隠る	亡くなる	[illegible]
12. 給ふ (尊)	～なさる お～になる	[illegible]
13. かく かかる かかり	こう	[illegible]
14. まさなし	正しくない	[illegible]
15. いみじ	ヤバい	[illegible]
16. おぼしめす (尊)	お考えになる	[illegible]
17. 才	才能	[illegible]
18. あはれなり	素晴らしい	[illegible]
19. なつかし	心惹かれる、親しみを感じる	[illegible]

八

かなしく[20]て姫君をば
森の中に隠しつつ、妃をあざむきて
「かれ*、殺しつ。」と申す。
かくて姫君、内裏よりまかる[21]。
おもしろき[22]森にて姫君、
をかしき[23]七人の小人と住みけり。
小人たち、らうたき[24]姫君に
こよなく[25]かしづく[26]。

＊かれ……現代では「彼」は男性に限るが、古文では男女問わない。「あれ」に近く、モノも指せる。

九

単語	ここでの意味	解説
20. かなし	いとおしい	[illegible]
21. まかる (謙)	（偉い人のもとから）離れる	[illegible]
22. おもしろし	趣深い	[illegible]
23. をかし	かわいらしい	[illegible]
24. らうたし	かわいらしい	[illegible]
25. こよなし	このうえない	[illegible]
26. かしづく	世話する 大切に扱う	

十

図表 2.25(1)

日ごろ言ふやう、[27]
「わがつかうまつる[28]白雪姫、
われら離る[29]る間、
さらに[30]人な入れ給ひそ。
妃に知られもぞする」とて
なき聞いと心もとな[31]がりあへり。
そののち、妃
「誰か世にきよらなる」
と鏡に問へば、
「白雪姫なり。
七人の小人具し[32]てあり」と申す。
かかるに妃、
なかなか[33]腹立ちおぼえ[34]て
「あな[35]くちをし[36]。
おろかなる[37]さかし[38]き山がつ、
心違へ[39]けり。かかれば」

【な〜そ】
な〜そ……禁止。〜するな。
「そ」を省略して、「な」を禁止に訳して解釈。
【例】
「な入れ給ひそ」
→「入れ給ふ」な

【もぞ・もこそ】
係助詞「も」「こそ」のあとに
「ぞ」がついた。
もぞ／もこそ
……したら困る
【例】
知られもぞする
→知られたりしたら困る

単語	ここでの意味	解説
27 日ごろ	日頃	[illegible]
28 つかうまつる(謙)	おせわする	[illegible]
29 離る	離れる 別れる	[illegible]
30 さらに	(打消の語) 全く	[illegible]
31 心もとなし	気がかりだ	
32 具す	ひきつれる 合わせる	[illegible]
33 なかなか	かえって	[illegible]
34 おぼゆ (覚える)	感じる	[illegible]
35 あな	ああ	感動詞
36 くちをし	残念	
37 おろかなり	いい加減だ	[illegible]
38 さかし	賢い	[illegible]
39 心違ふ	裏切る	[illegible]

とすごき[40]声にて
かたはらいたき[41]ほどにののしる[42]。
手づから[43]姫君を殺さむと思し召して、
おうな[44]に変化し、
あまた[45]のいみじき青林檎持て、
白雪姫がもとへおはす[46]。
姫君、おうなの妃なるをえ知らず。
おうな、窓叩きてのたまう[47]やう、
「きよらなる姫君、
くだもの[48]きこしめさ[49]むや」

【え〜ず】
え〜ず……できない。
【例】
え知らず
→知ることができない、
わからない。

単語	ここでの意味	解説
40 すごし	ぞっとする	[illegible]
41 かたはらいたし	きまり悪い	[illegible]
42 ののしる	大声を出すこと	[illegible]
43 〜づから	自分の〜で	[illegible]
44 おうな おみな	おばあさん	[illegible]
45 あまた	たくさん	
46 おはす(尊)	いらっしゃる	[illegible]
47 のたまふ(尊)	おっしゃる	
48 くだもの	お菓子	[illegible]
49 きこしめす(尊)	召し上がる	[illegible]

姫君、
「あな、うまげなるくだものかな」
とて召す[50]に、やがて[51]倒れ臥し
いたづら[52]になりにけり。
白雪姫のはかなく[53]なりぬるを

単語	ここでの意味	解説
50 召す(尊)	召し上がる	[illegible]
51 やがて	すぐに そのまま	[illegible]
52 いたづら	無駄なこと	[illegible]
53 はかなくなる		[illegible]

★コラム
●死ぬことの表現
現代でも直接「死ぬ」というのがきついので「亡くなる（無くなる）」という表現に変えたりする。古文でも、直接「死ぬ」というのを避け、いろいろな言い方をする。
例）
・はかなくなる
・[言ふかひなくなる]
・あさましくなる
・いたづらになる
など。

図表 2.25(2)

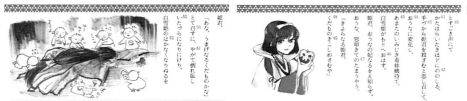

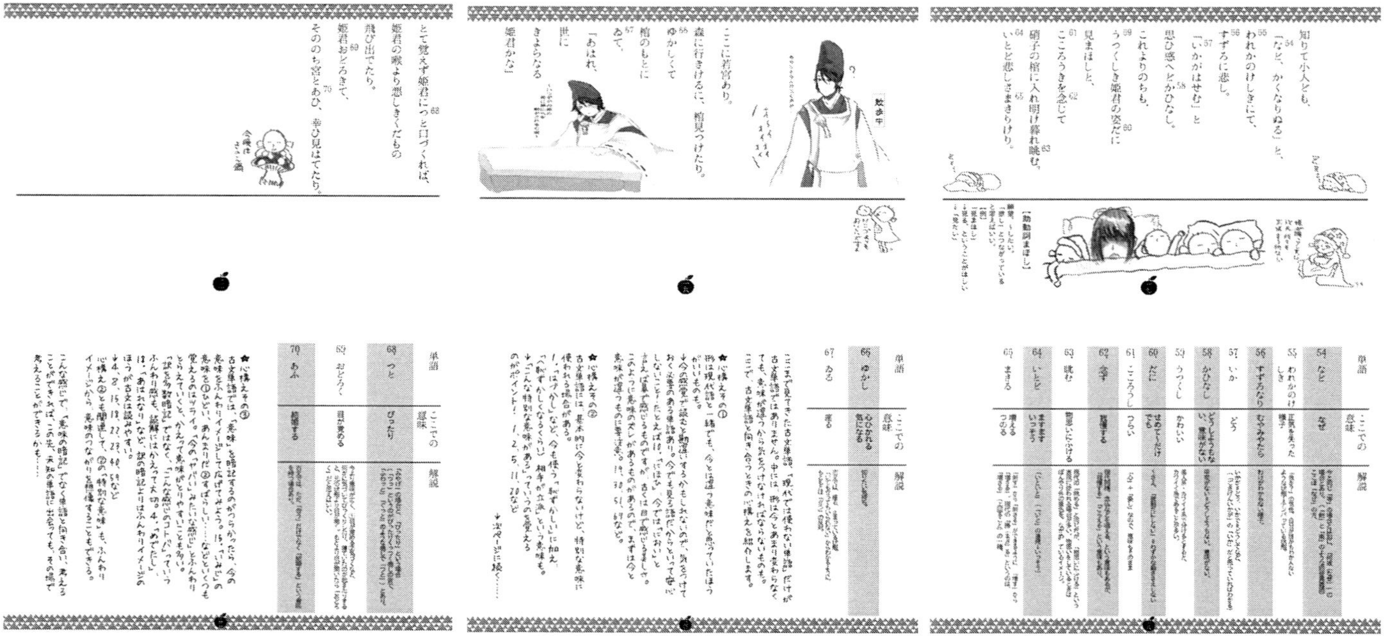
知りて小人ども、
「など、かくなりぬる」と、
われかのけしきにて、
すずろに悲し。
「いかがはせむ」と
思ひ惑へどかひなし。
これよりのちも、
うつくしき姫君の姿だに
見まほしと、
こころうきを念じて
硝子の棺に入れ明け暮れ眺む。
いとど悲しさまさりけり。
【助動詞まほし】
単語 / ここでの意味 / 解説
54 など / なぜ
55 われかのけしき / 正気を失った様子
56 すずろなり / むやみやたら
57 いか / どう
58 かひなし / どうしようもない、効果がない
59 うつくし / かわいい
60 だに / せめて～だけでも
61 こころうし / つらい
62 念ず / 我慢する
63 眺む / 物思いにふける
64 いとど / ますます いっそう
65 まさる / 増える つのる
ここに若宮あり。
森に行きけるに、棺見つけたり。
ゆかしくて
棺のもとに
ゐて、
「あはれ、
世に
きよらなる
姫君かな」
散歩中
66 ゆかし / 心ひかれる 気になる
67 ゐる / 座る
ここまで見てきた古文単語、「現代では使わない単語」だけが古文単語ではありません。中には、形は今とあまり変わらなくても、意味が違うから気をつけなければならないものも。ここで、古文単語と向き合うときの心構えを紹介します。
☆心構えその①
形は現代語と一緒でも、今とは違う意味だと思っていたほうがいいものも。
↓今の感覚で読むと勘違いするかもしれないので、気をつけておく必要のある単語あり。今でも見る語だからといって安心しないこと！たとえば10.「にほひ」今では「におい」と鼻で感じるものですが、古くは目で感じるものでした。このように意味のズレがあるものがあるので、まずは今と意味が違うものに要注意。19、30、51、67など。
☆心構えその②
古文単語には、基本的に今と変わらないけど、特別な意味に使われる場合がある。
1.「はづかし」など、今も使う「恥ずかしい」に加え、「（恥ずかしくなるくらい）相手が立派」という意味も。
↓「こんな特別な意味がある」っていうのを覚えるのがポイント！ 1、2、5、11、20など
↓次ページに続く……
とて覚えず姫君につと口づくれば、
姫君の喉より悪しきくだもの
飛び出でたり。
姫君おどろきて、
そののち宮とあひ、幸ひ見はてたり。
68 つと / ぴったり
69 おどろく / 目が覚める
70 あふ / 結婚する
☆心構えその③
古文単語では、「意味」を暗記するのがつらかったら、今の意味をふんわりイメージして広げてみよう。15.「いみじ」の意味を①ひどい、あんまりだ②すばらしい……などといくつも覚えるのはツライ。「今の『ヤバい』みたいな感じ」とふんわりとらえていくと、かえって意味がとりやすいことも多い。
「訳を多数暗記」ではなく、「こんな感じのコトバ」っていうふんわり感も、読解にはかえって大切。4.「めでたし」、18.「あはれなり」など、訳の暗記よりはふんわりイメージのほうが古文は読みやすい。
↓4、8、15、18、22、23、49、59など
心構え②とも関連して、②の「特別な意味」も、ふんわりイメージから、意味のつながりを想像することもできる。
こんな感じで、「意味の暗記」でなく単語と向き合い、考えることができれば、この先、未知の単語に出会っても、その場で考えることができるかも……

図表 2.25(3)

参考文献

大津千尋・三日市綾花・須永哲矢（2015）「形態素解析辞書「中古和文 UniDic」を用いた古文単語帳作成」『第 8 回コーパス日本語学ワークショップ予稿集』93-102 頁。

[古典教材作成プロジェクト作業責任者]

単語帳作成：大津千尋，単語帳検証：三日市綾花，古作文構成：澤崎彩音，意味記述・レイアウト：竹山怜那・塚田桃加，挿絵：澤崎彩音・中村那智，最終構成：山下美咲。

第 3 章

古典教育を考える

3.1
古典の現代語訳について

鈴木　泰

1.　問題の所在

本稿では，話しの前提としてあえて古典語作文を提唱したいと思う。現代生活では要求されていない，古典語で書くこころみ，または現代語を古典語に翻訳するこころみは教育現場において日本語の言語としての認識を育てるのに有効である。そして，それが生徒に日本語の豊かさに目を開かせることになるのなら，古典を言語文化として教えるということに通ずるだろう。

現代文から古典文を作るこころみは，もしある現代語が古典語のどのような言語形式に対応するかが分かる辞書のようなものがあれば，より簡単になる。もしそのようなものを作るとしたら，どういうところから手をつけたらよいだろうかと考えると，日本には古典作品が多く残されており，それには多くの場合現代語訳がつけられているので，その現代語訳を利用しない手はない。しかし，古典の現代語訳に限らず，翻訳を言語研究に利用するという方法は，言語形式を直接対象とするわけではなく，訳者の解釈を介在させるという意味で，訳者の言語意識に影響される部分が大きいことに注意しなければならない。ここでは「〜ずにはいられない」という表現が，古典の現代語訳でどのように用いられているかを材料としてこの問題を検討してみたい。具体的には小学館の『新編日本古典文学全集』の源氏物語の現代語訳で，この表現が主として自発の意味の-ル・ラルや-ユを語尾とする自発動詞の訳に大量に用いられていることを問題としたい。

普通一般に「〜ずにはいられない」という表現は，さけることのできない必然性を表すムード（気持・述べ方）形式と考えられるのに，それが自発というヴォイス（態・立場）形式の訳語として用いられているということにある種の驚きを禁じえない。ムードとヴォイスは次元の違うものなのにそれが通じているというのは不思議である。

「〜ずにはいられない」を「現代語の機能語リスト」（2015.2 現古文法対照辞書作成研究会・高橋雄一作成）で見ると，〈8-6 不可避・必然〉に分類される。また，『日本語文法辞典』（2014 日本語文法学会）の「自発」の項の説明は以下のようである。

> 通常意志的に行われる行為が，行為主体が意志しないのに（意志に反して）実現すること。かつて，「自然勢」「自然可能」などと呼ばれたこともある。英語では spontaneous，spontaneity と訳される。（258 頁）

たしかに必然性とは主体の意志性をこえたものであり，自発というのは主体の意志にかかわりのなく行われることであるから，そこには確かにある近さはある。しかし，必然性に当たる英語 inevitability が偶然性に当たる spontaneity の意味と通ずるといわれるとにわかには納得しがたいものがある。

ここで，すでに収集した古典の現代語訳について，「〜ずにはいられない」がどのような作品で何例用いられているかをみると，以下の通りである。同じ意味の表現に，「〜ずにはいらっしゃれない」とか「〜ずにはお（ら）れない」もあるが，今ははずしておく。また，「〜ざるをえない」とか「〜しかない」なども必然の意味を表すが，少し用法が異なるので扱わない。

宇津保（1）　今昔（1）　大鏡（4）　更級（5）　枕（4）

蜻蛉　（2）　寝覚（18）　栄花（30）　狭衣（20）　源氏（271）

総計（356）

ない作品：竹取，落窪，紫，讃岐典侍，浜松，宇治，徒然，平家，方丈

これを見る限りでは，見い出されなかった作品も多く，源氏物語に「〜ずにはいられない」という必然を表す形式が突出して多く出現していることが知られる。作品そのものは大部であっても，宇津保や今昔ではそれぞれ 1 例しか見い出せない。そこで，どのような古典語形式が「〜ずにはいられない」に訳されているかを調べてみたい。源氏で「〜ずにはいられない」に訳されているものは，以下の三つがある。

a. 動詞が「-べし，まじ」などのムード形式を持つ場合
b. 動詞が「-る・らる」の自発形式を持つ場合
c.「-ゆ」語尾の自発動詞が用いられる場合

この三つは，大きく自発形式と自発動詞とをひとくくりにして〈自発表現〉というとすれば，〈自発表現〉と〈ムード表現〉の二つにくくり直すことができる。なお，古典語形式には，a と b，a と c の両方の特徴が重複している場合があるので，それを別に扱うなら，より詳細には次の 5 種類に分けることができる。それぞれの番号の末尾の（　）内の記号は，あとで示す図表 3.1，3.2 における用例の種類を示すのに用いるものである（ただし，？ は，〈ムード表現〉だけでなく，〈自発表現〉でさえなければどのような場合にも用いる)。

a. ムード形式（-べし，-まじ）	19	(？)
b. 自発形式（-る・らる）	123	(◎)
c. 自発動詞（-ゆ）	94	(○)
ab. 自発形式＋ムード形式	4	(？◎)
ac. 自発動詞＋ムード形式	21	(？○)
計	271	

以上の 5 種の源氏物語の例を以下にかかげる。

？　よからぬものの上にて，恨めしと思ひきこえさせつべきことの出でまうで来たるを，(新編全集 03 巻 -42 頁)〔現代語訳・それが不心得な娘のことで，お恨み申さずにはいられないことが起ってまいりまして，〕

？　見ではえあるまじくこの人の御心に懸りたれば，(01-152)〔しみじみと女がいとしく，とても逢わずにはいられないくらいお心にかかって離れないので，〕

上例は，「べし」や「まじ」を伴って明らかに必然性の意味を表している。しかし，それらは，重複形式を含めても 44 例で，全 271 例中の 1 割 5 分程度にとどまっている。残りの大部分は，次のような自発形式か，「-ゆ」語尾を持つ自発動詞である。

◎心幼くもかへりみせで出でにけるかなと，すこし心のどまりてぞ，あさましきことを思ひつづくるに，心弱くうち泣かれぬ。(03-102)〔分別もなく妻子の身の上をも顧みず出てきてしまったものだと，少し気持が落ち着いてくると，こ

の途方もない事態を思い続けるにつけても，弱気になってつい泣かずにはいられなかった。〕

○あさましう，月日もこそあれ，なかなか，この御ありさまをはるかに見るも，身のほど口惜しうおぼゆ。(02-303)〔ほかに月日はいくらもあるのに，なまじこの君のご威勢のほどをよそながら見るにつけても，かえってわが身の程を情けなく思わずにはいられない。〕

次はムード表現と自発表現の両方の特徴がみとめられる重複形式の例である。

？◎いみじき武士，仇敵なりとも，見てはうち笑まれぬべきさまのしたまへれば，えさし放ちたまはず。(01-39)〔たとえ恐ろしい武士や仇敵であっても，この若宮を見るとついほほえまずにはいられぬお美しさなので，これでは弘徽殿も遠ざけることがおできにならない。〕

？○今はとて思し離れば，まことに御心と厭ひ棄てたまひけると，恥づかしう心憂くなむおぼゆべき。(04-322)〔「もうこれでとわたしをお見限りになってしまわれるようなことになったら，真実，ご本心からお厭い捨てになったのだと，わたしは恥ずかしくも情けなくも思わずにはいられないでしょう。〕

2.　源氏物語以外の現代語訳における「〜ずにはいられない」の使用

すでに示したところから明らかなように，「〜ずにはいられない」がもっとも多く用いられているのは源氏物語であるが，源氏物語の検討に先だって，その他の作品の現代語訳における「〜ずにはいられない」の使用の実態をみておきたい。まず，1例しかない宇津保物語の例。

？　いと，片時も見たてまつらで，えあらぬ宮をも，急ぎ渡したまふ。(宇津保03-500)〔ほんとに，大将は，片時も拝見せずにはいられない女一の宮様でさえも，いそいであちらへお戻しになったのです。〕

「〜でえあらぬ」というムード形式は，否定形式に可能形式が続いたものでその組立からもみても現代語の「〜ずにはいられない」に一致している。「〜ずにお（ら）れぬ」という現代語訳に対応している表現まで含めれば，宇津保からはさらに次の2例が得られる。

？　かくまで聞こえであるまじく覚えしかば，聞こえ初めて。(2-142)

？　訪はではえ侍らじ。(2-393)

これらから，宇津保では，「〜ずにはいられない」は，ほぼ完全に必然性の表現の訳語として用いられているということができる。

一方，同じく１例しかない今昔物語集の例は，次のようにムードにも自発にも全く無関係である。

？　其ノ時ニ后ノ宮ノ女房達，其ノ日□ニ出タリケルニ，平中此レヲ見テ，色好ミ懸リテ仮借シケルニ，(今昔 04-427)〔その日，后宮にお仕えする女房たちが〔市〕に出かけていたが，平中はこれを見たとたん，持ち前の色好みが首をもたげ，恋をしかけずにはいられなくなった。〕

更級日記においては，いずれも自発表現に用いられていて，「うち泣かれぬ，ながめやられし，ながめられて，見やらるる，かへりみのみせられ」である。

大鏡においては，自発表現としては，「心おごりせられし，笑ましくおぼえはべりし」があるが，「さらではべらむ（冷泉天皇の御代を先例として引かずにはいられましょうや）」。のような反語表現があたっていて，結果として必然性の意味になっているものもある。

枕草子においては，「心づかひせらる」などは自発表現であるが，「言はではあらむ（どうして言わずにはいられようか）」。は反語表現である。

蜻蛉日記には，自発表現もムード形式もない。

比較的例の多い作品については一部を見ただけだが，夜の寝覚では，ムード形式として，「あるべきやうなし」，自発表現として，「聞き嘆かる，思ひ出でらる」があり，さらに形容詞が該当している「やすからぬ，涙ぐまし」がある。

狭衣物語は，「うちまもらる，心遣ひせらる，思し続けらる，思さる」など，すべて自発表現である。

栄花物語は，「思す，公(ほおやけ)腹だたる，思ひたまへらる，おぼゆ，思ひ出でらる」など，すべて自発表現である。

以上から，現代語訳「〜ずにはいられない」が原文でも必然表現だけに対応している場合もあるが，多くは必然表現にも自発表現にも対応しているということができる。ただし，自発表現に対応する場合があるといっても，源氏ほど大量に対応するものはなく，源氏の特殊性は動かない。

3. 源氏物語現代語訳における「〜ずにはいられない」の使用

(1)　新編と旧編の比較

さて，全集本の源氏が最初からこのように，ムード形式（-べし，-まじ）や自発形式（-る・らる）や自発動詞（-ゆ）において，「〜ずにはいられない」という訳語を持っていたのであろうか。新編全集の前身の旧編全集の源氏物語の現代語訳を調査してみると，新編全集で「〜ずにはいられない」で訳されているほとんどの場合，旧編全集は「〜ずにはいられない」以外で訳されている。

新編全集の現代語訳で「〜ずにはいられない」が用いられている全271例について，旧編全集の訳語を比べた結果は図表3.1の通りである。図表3.1において，【同】とあるのは，旧編の現代語訳が新編の現代語訳と同じであることを示す。図表3.1から次のことが分かる。

①旧編全集と比べると，新編全集では，「〜ずにはいられない」が古典原文の自発形式および自発動詞の訳語として用いられるものが9割になんなんとする。

②旧編全集において「〜ずにはいられない」が用いられているのは，30例に

図表3.1　全集新旧対照

原文	新編	旧編
◎あはれ知（ら）る	感じ入ってしまわずにはいられぬ	おのずと我が身にしみるように
◎思ひやられて	方ばかりを思いやらずにはいられなくて	が気になり
◎なかれける	泣かずにはいられません	泣けてきました
○うれたうもおぼゆるに	恨めしいとも思わずにはいられないにつけ	思うにつけ
？見ではえあるまじく	逢わずにはいられないくらいに	【同】逢わずにはいられないほど
◎かへりみのみせられて	振り返らずにはいられず	【同】振り返らずにはいられず
◎なかれけり	泣かずにはいられません	【同】泣かずにはいられません
◎思ひたまへなされし	ご冗談と存じあげずにはいられません	あへてなほざりに存じておりましたが
◎思さるる	お思いにならずにはいられない	お思いになる
○おぼゆ	思わずにはいられない	思う
◎思ひ嘆かるなる	苦にせずにはいられない	嘆いておられる
？◎うち笑まれぬべき	ほほえまずにはいられぬ	【同】ほほえまずにはいられない
◎思ひたまへらるる	存ぜずにはいられません	存ぜられます
◎涙ぐまる	涙ぐまずにはいられない	涙ぐまれてくる
◎思うたまへらるる	存ぜずにはいられません	思われますほどでございます
○悔しう〜おぼゆる	後悔せずにはいられない	後悔の念に責められている
◎思ひつづけらるる	思い浮べずにはいられない	おもいうかべられてくる
○おぼえむとすらん	思わずにはいられないことになりましょう	感じることになりましょう

とどまる。その30例の内訳は以下の通りである。

？（ムード形式）　10例

◎（-ル・ラル自発形式）　15例

○（-ユ自発動詞）　5例

これから，旧編の現代語訳においては，「〜ずにはいられない」に訳されるものの原文が自発表現であることが多いことは確かだが，ベシやマジを伴った必然のムードを表すものもその半数に達しており，旧編においてはムード形式の訳語として「〜ずにはいられない」が用いられる傾向がかなり強かったことが知られる。

旧編で，「〜ずにはいられない」以外で訳されている241例は，それではどんな現代語訳をしているかを見ておくと，重複があって明確に比率を出すことは難しいが，おおよそ以下のようになる。

レル・ラレル自発形式	５割
テクル・テシマウなどの補助動詞形式	１割５分
ツイ・自然ニなどの副詞	１割
単純用言	２割５分

旧編の現代語訳では，思ワレルのような助動詞を伴う場合，泣ケテクルのような補助動詞を伴う場合（オ思イニナルのような敬語動詞も含む），副詞に修飾された場合，など様々な現代語の自発表現形式が用いられていることが知られる。したがって，現代語訳としては現代語の自発表現形式がそのまま用いられている場合が全体の3/4に及ぶということになるが，一方で単純用言とした，動詞・形容詞やそれを含む慣用句など非自発形式がそのまま用いられているものも1/4になるということである。これに対して，それらが一律に新編の現代語訳では，思ワズズニハイラレナイのような必然表現になっているのは，かなり大きな違いであると言わざるをえない。

(2)　新編と「完訳日本の古典」の比較

しかし，全集本は直接に旧編から新編に移ったのではない。新編全集『源氏物語』（平成六年〜平成十年）の上梓にあたって，「『源氏物語』現代語訳の方法—三度目の挑戦から—」（平成七年）において，秋山虔博士は次のようにそれまでの経緯を説明している。

> 昭和四十五年から五十一年にかけて，阿部秋生・今井源衛の両氏と私との共同著作という形で，「日本古典文学全集」の『源氏物語』六冊を上梓した。…その後，昭和五十八年から六十三年にかけて新しく鈴木日出男氏に加わっていただいて「完訳日本の古典」の『源氏』を十冊刊行した。…脚注は「全集」本の頭注よりはずいぶん簡略だが，当然のことながら「全集」本の失考を訂正したり，不足を補ったりした。…「完訳日本の古典」本のほうでは，分担をはっきりさせた。本文は阿部，脚注は秋山・鈴木，現代語訳は秋山，巻末評論は今井が担当した（室伏信助編『いま「源氏物語」をどう読むか』おうふう 9-10 頁）。

これまで，新編の現代語訳をもっぱら旧編とのみ比べてきたが，はたして新編における改変が新編において初めて出現したと言えるかどうかは，「完訳日本の古典」の現代語訳を調査しなければ分からないことになる。サンプルとして「完訳日本の古典」の 2 巻，4 巻，6 巻の 3 冊を調査した結果，新編全集の改変はほとんどすべて「完訳日本の古典」にさかのぼることができることが分かった。調査した 3 冊の中で，新編全集で「〜ずにはいられない」に訳される例は全部で 80 例あったが，1 例を除いてすべて新編と同様に「〜ずにはいられない」で訳されていた。唯一の例外は，「完訳日本の古典」で，自発形式を「〜ずにはいられない」に訳し直した時，もれてしまったものを，新編で直したということであろう。約 1/3 のサンプル調査であるので，他にもこのような例はあるとしても，自発形式や自発動詞の訳を「〜ずにはいられない」に変えたのは「完訳日本の古典」であることは間違いない。

(3)　旧編と角川文庫版との比較

ここで，小学館の全集に先行する源氏の現代語訳において，旧編全集で「〜ずにはいられない」である箇所がどのように訳されていたかを，角川文庫版（玉上琢弥『源氏物語評釈』1964）において，新編・旧編を対照させたのと同じく最初から 18 番目まで調査してみると，図表 3.2 の通りである。

ところで，旧編で「〜ずにはいられない」で訳されているのは 30 例しかないが，その 30 例のうち，角川文庫でも「〜ずにはいられない」で訳されているの

図表 3.2　角川旧編対照

原文	旧編	角川文庫
◎あはれ知（ら）る	おのずと我が身にしみるように	お情けの深さのしみじみとわかるように
◎思ひやられて	が気になり	思いが馳せて
◎なかれける	泣けてきました	泣いてしまいます
○うれたうもおぼゆるに	思うにつけ	あんまりひどい，くやしい，と思うから
？見ではえあるまじく	【同】逢わずにはいられないほど	【同】逢わずにはいられないほど
◎かへりみのみせられて	【同】振り返らずにはいられず	あとをふり返りふり返りのみなさって
◎なかれけり	【同】泣かずにはいられません	泣いてしまいます
◎思ひたまへなされし	あへてなほざりに存じておりましたが	ご冗談かとも存じたりいたしましたが
◎思さるる	お思いになる	お思いにもなる
○おぼゆ	思う	思われるにつけ
◎思ひ嘆かるなる	嘆いておられる	嘆いているとの事
？◎うち笑まれぬべき	【同】ほほえまずにはいられない	【同】微笑まずにはいられない
◎思ひたまへらるる	存ぜられます	存じられますが
◎涙ぐまる	涙ぐまれてくる	わけもなく涙ぐまれてくる
◎思うたまへらるる	思われますほどでございます	存じられますことでございます
○悔しう～おぼゆる	後悔の念に責められている	悔しくて…思われる
◎思ひつづけらるる	おもいうかべられてくる	思い出される
○おぼえむとすらん	感じることになりましょう	思うようになることでしょう

はわずか4例である。いずれも原文はベシやマジによるムード形式である。このほかにも角川でニチガイナイや反語などの形式に訳されているものも若干あるが，それらは必然の意味でこそないがやはりムード表現である。したがって，ムード表現でない自発表現が，「～ずにはいられない」で訳されている新編全集の現代語訳はやはり非常に特殊であるといわざるをえない。

ここで，念のため，旧編で「～ずにはいられない」で訳されている自発表現30例のうち，角川でも「～ずにはいられない」で訳されている4例以外が，角川でどんな形で訳されているかをみておくと，以下のようである。

-レル・ラレル形式（3）　-テシマウ形式（5）　ムード形式（2）

単純動詞形式（13）　その他（3）

つまり，そのままル・ラルで訳される場合もあり，また-テシマウで訳されることも多い。しかし，その多くは原文が自発表現であることを無視して非自発的な単純な動詞だけで訳されている。ここから，角川の訳は新編より旧編の訳に近いが，完全に同じでなく，旧編ではル・ラル形式がそのまま用いられることが多いのに，角川では単純な動詞形式の方が多いという違いがあることが分かる。

4. おわりに

一般に必然性を表すと考えられている表現がなぜその正反対ともいえる自発という偶然性の表現の訳語として用いられるようになったのかを考えると，たしかに必然性とは回避することが不可能な事態を表すものであり，自発というのは主体の意志で制御不能の事態を表すのであるから，そこには確かにある近さはある。しかし，「～ずにはいられない」という表現は逆に主体の強い衝動が背後に存在していることを表すので，自発というボイス的な客観的な表現には強すぎるともいえる。にもかかわらず，こうした訳語を編者があえて採用したのは，教育現場では，なるべく単語や文法形式ごとに常に一貫した翻訳が求められるということが理由であるかもしれない。

いずれにせよ，編者の取り組み方しだいで現代語訳は変化することがあることが確かめられるので，現代語に相当する古典語を求める手がかりとして現代語訳を用いる作業は，慎重に進めなければならないことが知られる。

参考文献

奥田靖雄（1986）「現実・可能・必然（上）」『ことばの科学』むぎ書房。
工藤　浩（1996）「どうしても」考，『日本語文法の諸問題』（鈴木泰・角田太作編）ひつじ書房。
工藤　浩（2016）『副詞と文』ひつじ書房。

3.2
文法法則の再発見—「暗記する」から「見つけ出す」へ—

小林正行

1. 目　　的

従来，古典教育のあり方について，特に文法項目の扱い方が問題とされている。既存の確定した文法体系を実際の古典の文章に触れる前に暗記「させられる」ことで，古典の文章の読解との乖離，無味乾燥な記憶学習との印象を生徒に与えてしまい，古典文法嫌い，ひいては古典嫌いを生み出しているとされている。問題は古典文法にあるのだろうか，暗記学習にあるのだろうか。

本節では，CHJを利用して容易に入手できる多量の実例に触れることで，古典文法の規則性について，生徒自ら発見する学習や，現代語文法（口語文法）との連続性を意識させる学習につなげ，「無味乾燥な記憶学習」を脱却することを目指す。

2. 問題の背景

大野晋（1978）では，文法学習についての問題点として，文法が好きではない国語の先生が多いこと，知りたいことに答えられるほど学問が整っていないこと，文法が規則の暗記だけの授業になってしまうことの3点を挙げ，さらに，吉田永弘（2017）では，「話を古典文法に限っても，高校生の古典離れが進んでいる責任を文法教育が負わされて，むしろ当時より不幸な状態に陥っているのかもしれない」と述べる。

3. 高校学習指導要領の「古典文法」の扱われ方

平成21年版高校学習指導要領の解説，および，平成30年版の新高校学習指導要領で，「古典文法」がどのように記述されているか，確認しておく（下線部筆者)。そのうえで古典文法の学習の意義を位置づけしたい。

平成21年版「国語総合」では，「古典の学習は，古文，漢文の現代語訳や文法的な説明に終始するものであってはならない。」と訓詁注釈的な指導を否定し，「詳細なことにまで及ぶことなく，読むことの指導に即して扱う」，「文語のきまりなどを指導するために，たとえば，文語文法のみの学習の時間を長期にわたって設けるようなことは望ましくない。」と注意する。

「古典A」では，「語句や文法，現代語訳の学習のために過度に時間を取られることで，豊かな古典の世界に触れる前に，生徒を古典嫌いにしてしまうことのないよう，教材や指導の方法を工夫し，古典の世界に楽しく触れることができる授業を展開し，生涯にわたって古典に親しむ態度を育成していく必要がある。」とされ，「古典B」でも，「文語文法の指導は読むことの学習に即して行い，必要に応じてある程度まとまった学習もできるようにする。」「これは，「国語総合」の内容の取扱いの（5）のイに，文語のきまりなどについては「読むことの指導に即して行うこと」とあるのを受けたものである。「文語文法の指導は読むことの学習に即して行」うという考え方は従前と同様であり，文語文法の指導は，文章の読みを確かなものにしたり，深く読み味わったりするために行うという原則的な考えをここで明示している。「必要に応じてある程度まとまった学習もできるようにする」としたのは，文語文法をある程度まとまった形で学ぶことを通して，一層古典に対する興味・関心を広げ，そのことが読むことの学習にも生かされるよう配慮したものである。そこで，生徒の実態に応じて，そのような学習の必要性の有無を適切に判断するとともに，文語文法の暗記に偏るなど，興味・関心を広げることを軽視した指導に陥らないような配慮と工夫をする必要がある。なお，漢文の訓読の指導に際しても，文語文法との関連に注意させる必要がある。」とある。

以上，確認したように，平成21年版では「文語文法の暗記」が古典嫌いを生み出す根源のように扱われている。ここでは，古典文法の学習が文語文を読むためのものと限定的に位置づけられており，その他の価値づけはされていない。古典嫌いを生み出す問題点が，「文語文法」側と「暗記」側の双方にあるかのような位置づけである。吉田（同上）はこの点を指摘して「文法は生徒にだけ嫌われているのではない」と嘆息する。

では，平成30年新学習指導要領の文語文法の扱いを確認する。学習指導要領上で文語文法を含む用語である「文語のきまり」という語は「言語文化」および「古典探究」に見られる。なお，平成21年版指導要領の「古典B」に見られた「文法」という語は，国語には現れず，「英語」だけに用いられる。

「言語文化」では，〔知識及び技能〕の「古典の世界に親しむために，古典を読むために必要な文語のきまりや訓読のきまり，古典特有の表現などについて理解すること」が直接該当する。また，「時間の経過や地域の文化的特徴などによる文字や言葉の変化について理解を深め，古典の言葉と現代の言葉とのつながりについて理解すること」も，「言葉の変化」が語の変化だけでなく，文法の変化を含めて考えることができるとするならば，文語文法指導に該当すると考えられる。〔思考力，判断力，表現力等〕では，A 書くことでの言語活動事例として「ア 本歌取りや折句などを用いて，感じたことや発見したことを短歌や俳句で表」すことが挙げられる。短歌や俳句を自ら作る際，文語調で詠みたいという希望があれば，ある程度の文語文法の知識が求められる。さらに，古典教材を取り上げる際の配慮として，「現代の国語について考えたり，言語感覚を豊かにしたりするのに役立つこと」を挙げている。

「古典探究」では，〔知識及び技能〕のうち，「古典の文の成分の順序や照応，文章の構成や展開の仕方について理解を深めること」や「古典を読むために必要な文語のきまりや訓読のきまりについて理解を深めること」，「時間の経過による言葉の変化や，古典が現代の言葉の成り立ちにもたらした影響について理解を深めること」が該当し得る。〔思考力，判断力，表現力等〕では，A 読むことでの言語活動事例として，「古典の言葉を現代の言葉と比較し，その変遷について社会的背景と関連付けながら古典などを読み，分かったことや考えたことを短い論文などにまとめる活動」が挙げられる。

現代語文法と古典文法を比較しつつ学習することは，古典を「読むため」のみの学習ではない。「時間の経過による言葉の変化」について理解を深めたり，「現代の国語について考えたり，言語感覚を豊かにしたりするのに役立」つ言語教育としての側面を持つ。「我が国の言語文化に対する理解を深める学習を充実させ」るために，古典文法の学習方法を考察してみたい。

4.　試案：文語動詞活用表の利用

ここでは，古典文法学習の入り口となりやすく，古典文法の勉強が暗記学習だという印象を強く持たれる文語動詞活用表について，その仕組みを理解させる学習方法を考察する。多量の用例に触れて分類することで，文語動詞活用表の仕組みを理解し，現代語との活用の種類（活用型）の違いや，各活用形の機能について気づかせることを狙いとする。CHJ を用いて意図的に収集された用例集を示し，生徒自身が活用表の設計方針である「語形を軸に分類すること」,「それぞれの語形の使い方を考察すること」によって，「現代語と古典語の活用型の違い」,「6 活用形であることの理由」，に気づかせ「活用とは文法機能に応じた語形変化である」ことを理解させたい。まずは，周知のことではあるが，上記について確認しておく。

(1)　活用の種類の違い

中学校での口語動詞活用表は，五段・上一段・下一段・カ行変格・サ行変格の 5 種類の活用型と，未然・連用・終止・連体・仮定・命令の 6 種類の活用形からなる。文語動詞活用表は，活用型は四段・上一段・上二段・下一段・下二段・カ行・サ行・ナ行・ラ行の各変格の 9 種類となり，活用形は仮定形ではなく已然形となる。「なんでこんなに活用型が多いんだ。」という高校生の素朴な感想は，暗記しなければならないという立場からの愚痴としてはもっともであるが，言語変化の時系列に沿えば，問の立て方に誤りがある。「なぜ現代語は 4 種類減ったか。」と問を立てなければ，解決の糸口が見えてこない。

(2)　活用表が 6 活用形であることの理由

口語動詞活用表は，五段活用の未然形，連用形に用法の異なる二つの形がある。「書く」で言えば，未然形打消しの「書かない」と意志の「書こう」，連用形中止法の「書き，」と過去・完了の「書いた」である。この理由は，文語動詞の活用では，打消し「書かず」と意志「書かむ」，中止法「書き，」と過去「書きけり」のように，同じ語形をとるために同じ活用形に分類したことを引き継いだからといえる。

では，文語動詞活用表は，なぜ6活用形なのか。古代語で語形変化パターンが6種類のものがあったから，ということになる。ナ行変格活用は，四段型と下二段型の混合型で，活用語尾が「な・に・ぬ・ぬる・ぬれ・ね」と6種類に変化する。現代語とは異なり，音便は義務的ではない。語形を軸に機能を取りまとめ，6種類の活用形としたものが活用表である。

(3)　CHJ 平安時代編に見る動詞の使用実態

文語動詞活用表を作るためには，活用表を作成できるだけの動詞のパターンを網羅する必要がある。基礎的な情報として，平安時代編の動詞のどの活用型・活用形がどの程度用いられたか明らかにする。

図表3.3は，CHJ 平安時代編の動詞を，活用型，行，一般動詞か「非自立可能」かで分類した使用数一覧である。9種の活用型の頻度は，四段活用が圧倒的であることが具体的な数値として見て取れる。また，下一段活用の「蹴る」は平安時代編では5回しか用いられていないことも分かる。上一段活用の分布からは，マ行「見る」が最重要の語であることも読み取れよう。非自立可能の語は種類は少ないが，頻度はきわめて高いものが多く，基本的な習得すべき語であろうことも推測される。

これら具体的な数値の偏りが意味するところを，文法知識や語彙知識を用いて読み取っていく活動は，能動的な文法学習になりうる。

また，図表3.4は，各活用形が，それぞれどの活用型のどの行で，どれだけ用いられるかを明らかにしたものである。連用形が圧倒的に多く用いられること，已然形が最も少ないことが分かる。もちろん，文法事項の学習の重要度は，使用数とは比例せず，現代語と同じ形で異なる機能を持つものや，現代語にはない形の機能についての学習は重要である。しかし，「読むため」の文法として，実際にどのくらいその形が現れうるのか，具体的な用例数を概観し，その

図表 3.3　CHJ 平安時代編 動詞の使用実態概観

文語動詞活用表			動詞	一般	非自立可能
四段	110,565	カ行	12,708	9,992	2,716
		ガ行	1,097	1,097	—
		サ行	16,093	12,231	3,862
		タ行	3,421	3,421	—
		ハ行	45,061	23,851	21,210
		バ行	1,127	1,094	33
		マ行	4,384	4,364	20
		ラ行	26,674	16,726	9,948
上一段	7,383	カ行	293	293	—
		ナ行	278	278	—
		ハ行	29	29	—
		マ行	5,471	173	5,298
		ヤ行	43	43	—
		ワ行	1,269	173	1,096
上二段	3,690	カ行	460	459	1
		ガ行	516	22	494
		タ行	228	228	—
		ダ行	136	136	—
		ハ行	453	453	—
		バ行	1,148	928	220
		マ行	269	269	—
		ヤ行	114	114	—
		ラ行	366	366	—
下一段	5	カ行	5	5	—
下二段	36,540	ア行	351	109	242
		カ行	3,947	1,832	2,115
		ガ行	641	393	248
		サ行	2,903	2,331	572
		ザ行	66	66	—
		タ行	1,924	1,320	604
		ダ行	4,064	4,064	—
		ナ行	868	868	—
		ハ行	3,526	2,698	828
		バ行	238	233	5
		マ行	3,391	2,921	470
		ヤ行	9,026	4,306	4,720
		ラ行	5,338	4,489	849
		ワ行	257	257	—
カ変			1,646	—	1,646
サ変			10,980	1,054	9,926
ナ変			341	341	—
ラ変			16,816	3,127	13,689

図表 3.4　各活用形の活用型の各行での使用数

		未然	連用	終止	連体	已然	命令
総計		29,789	103,974	13,853	25,473	7,202	7,616
四段	カ行	1814	7987	661	1792	280	171
	ガ行	118	729	73	139	33	5
	サ行	2362	10353	1269	1405	453	249
	タ行	407	2392	119	301	47	155
	ハ行	4807	18532	5761	7749	2914	5244
	バ行	160	728	72	124	11	32
	マ行	587	2741	202	396	36	422
	ラ行	5410	16202	1398	2426	419	819
上一段	カ行	22	253	6	10	—	2
	ナ行	89	152	13	24	—	—
	ハ行	4	13	—	12	—	—
	マ行	615	3632	192	637	342	53
	ヤ行	12	23	3	5	—	—
	ワ行	66	1153	11	31	4	4
上二段	カ行	25	415	10	5	3	2
	ガ行	26	424	6	54	5	1
	タ行	3	168	13	40	4	—
	ダ行	17	106	3	8	1	1
	ハ行	33	346	19	51	4	—
	バ行	44	1000	27	55	20	2
	マ行	38	193	16	17	4	1
	ヤ行	3	104	—	6	1	—
	ラ行	47	298	5	13	2	1
下一段	カ行	3	—	2	—	—	—
下二段	ア行	100	218	17	15	1	—
	カ行	519	3058	57	231	56	26
	ガ行	95	490	14	24	5	13
	サ行	640	1812	122	192	79	58
	ザ行	8	55	2	1	—	—
	タ行	372	1333	94	105	11	9
	ダ行	594	2954	126	333	44	13
	ナ行	127	653	15	51	15	7
	ハ行	652	2269	96	377	114	18
	バ行	30	175	2	22	8	1
	マ行	483	2523	113	198	50	24
	ヤ行	1918	4891	861	962	369	25
	ラ行	732	3858	194	478	62	14
	ワ行	38	213	2	2	1	1
カ変		264	1010	70	212	52	38
サ変		2296	6188	869	1170	356	101
ナ変		78	100	100	47	8	8
ラ変		4131	4230	1218	5753	1388	96

用例に触れる可能性を示すことも重要であり，この表はその一助になるものと考える。

(4)　文語動詞活用表作成のための用例の条件

生徒が活用表を所与のものとしてではなく，動詞が文法機能に応じて語形変化する体系を網羅したものということを理解するためには，実際の用例を，語形と機能で分類するという手法が考えられる。

活用表と「読むこと」が相関関係を持つためには，実際の用例に触れることが不可欠である。しかし，無作為に例に触れさせると，図表 3.3 と 3.4 から明らかなように，四段活用の連用形ばかりが多く集まる可能性が高い。

以下に，実際の用例から各活用型の各活用形が現れる用例集の作成条件を挙げ，有用な語リストを挙げる（図表 3.5）。なお，語彙素なので現代語形での例示となる。

・ナ行変格活用の語形変化パターンの網羅：ナ行変格活用動詞「死ぬ」「往ぬ」は平安時代編までで 6 活用形が揃っている。

・9 活用型の網羅：各活用型の動詞で，6 活用形が現れる動詞を語彙素に指定し検索する。

図表 3.5　6 活用形が現れる動詞語彙素例

四段	書く　隠す　待つ　宣う　言う　休む　移る　参る　　など
上一段	見る
上二段	起きる　過ぎる　詫びる　恨みる
下一段	—
下二段	付ける　宣わせる　立てる　訪ねる　求める　　など
カ行変格	来る
サ行変格	啓する　制する　奏する　念ずる　　為る　おわす　ものする
ナ行変格	往ぬ　死ぬ
ラ行変格	斯かる　居る　侍る　有る

なお，下一段活用動詞「蹴る」は，平安時代編で未然形と連用形のみであり，鎌倉時代編までの例で已然形は用いられない。

これらの語を語彙素検索し，ダウンロードしたCSVファイルをフィルタ機能を用いて並べ替え，前後文脈とキーのみのラベルとして，各活用形が出現する用例リストを作成し，語形によって分類していくことで，原始的な活用表を作成することができる。

5. おわりに

古代語の活用体系を整理していく中で，現代語と古代語の活用体系がどのように異なるのか，なぜそのような変化が起こったのか，いつごろからそのような変化が起こったのかという，活用体系の変遷に対する疑問も持つようになるかもしれない。四段活用と現代語五段活用の未然形の用法の違いや，音便形が義務化する，上二段活用・下二段活用が現代語上一段活用・下一段活用に合流する，という言語史上の重要な事項について考察していくことは，「時間の経過による言葉の変化」について理解を深めたり，「現代の国語について考えたり，言語感覚を豊かにしたりするのに役立つ」とは言えまいか。

発展としては，「現代語と古典語の活用の種類の違い」について，いったいいつごろからどのように古典語の9種類が，現代語の5種類へと収斂していったのか，CHJ 室町時代編，江戸時代編などの口語資料での使用状況に基づいて調査させる，ということも考えられる。

参考文献

市村太郎・渡辺由貴（2016）「形態論情報の概要」『日本語歴史コーパス 室町時代編Ⅰ狂言』国立国語研究所。
大野　晋（1978）『日本語の文法を考える』岩波新書。
小林賢次・梅林博人（2005）『シリーズ〈日本語探求法〉8 日本語史探求法』朝倉書店。
吉田永弘（2017）「文法が分かると何が分かるか」『ともに読む古典 中世文学編』（松尾葦江編）笠間書院。

3.3 コーパスデータから見た古文教材における連語

渡辺由貴

古文の読解においては，古典語の語彙の習得が不可欠であるが，「単語」だけでなく，重要な「単語の連続」を把握することも有益である。試みに，市販の古文単語集である『古文単語330改訂版』を見ると，「入試必修語100」として「例-の（いつものように）」「音-に-聞く（うわさに聞く・評判が高い）」，「入試重要語100」として「かち-より（歩いて）」「けしから-ず（異様だ）」，「入試攻略語50」として「数-なら-ず（取るに足りない）」「もの-も-おぼえ-ず（呆然としている・道理をわきまえない）」などの「連語」が掲載されている。これらの連語は，それを構成する単語一つひとつを逐語訳しても意味を把握しがたいこともあり，ひとまとまりのものとして理解しておくことが古文の読解のために重要であるとされているのである。

ここでは，「単語の連続」を「連語」とし，コーパスデータを用いて古文教材における重要な連語について検討してみたい。

1. 古文単語集において重要表現とされる連語

古文単語集において重要度が高いとされる連語は，実際の古典の本文の中でどのくらい用いられているのだろうか。ここでは，単語集で扱われている連語について，コーパスでの使用状況を調べてみたい。先にあげた単語集に掲載されている連語についてCHJ 平安時代編および鎌倉時代編を調査し，その用例数を図表3.6に示した（人手で修正がなされたコアデータを対象とし，短単位の語彙素の情報による検索結果を示す）。なお，連語に付した現代語訳は，図表3.6，3.7はそれぞれの単語集に，他は『日本国語大辞典 第2版』に基づく。あわせて図表3.6，3.7には『三省堂全訳読解古語辞典 第5版』における「最重要語」に「★★」を，「次重要語」に「★」を付す。

図表3.6 『古文単語330改訂版』掲載連語とCHJでの用例数

連　語	主な意味	平安	鎌倉	計
○入試必修語100				
例の　★	いつものように・いつもの	627	96	723
音に聞く	うわさに聞く・評判が高い	13	5	18
いかが(は)せむ※	どうしようか・どうしようもない	90	40	130
さるべき　★★	適当な・そうなるはずの・立派な	392	51	443
いざたまへ	さあ，いらっしゃい	20	7	27
○入試重要語100				
あなかま	しっ，静かに	30	4	34
かちより	歩いて	7	6	13
けしからず　★★	異様だ	63	15	78
○入試攻略語50				
いとしもなし	たいしたことはない	0	1	1
数ならず	取るに足りない	52	23	75
いかにぞや	あまり感心しない	30	5	35
さればよ・さればこそ	思った通りだ	55	16	71
世の常なり	ありきたりだ・月並みな表現だ	70	10	80
ただならず	様子が普通ではない・妊娠する	70	8	78
ものもおぼえず	呆然としている・道理をわきまえない	19	16	35
人遣りならず	他のせいではなく，自分の心からする	27	4	31
またの日	翌日	85	8	93
～あへず	最後まで～しきれない	91	44	135

※「いかがせむ」の形の用例数を示す。

さて，図表3.6をみると，単語集に挙がっている連語およびその重要度の判定は，CHJでの用例数の多寡と必ずしも一致していないことがわかる。むろん，CHJにあらゆる文学作品が収録されているわけではなく，また，使用例の多寡のみでその表現の重要度をはかることはできない。しかし，「入試必修語100」の「音に聞く」は平安時代編のうち6作品，鎌倉時代編のうち4作品と比較的幅広い作品に見られるものの，あわせて18例と，重要度が高いとされているわりにその用例数が多いとはいえない。同じく「入試重要語100」の「かちより」も，平安時代編・鎌倉時代編における用例数は少ない。「入試攻略語50」の

図表 3.7 『入試でチェック・ミニマム 200 古文単語 380』掲載連語と CHJ での用例数

連　語	主な意味	平安	鎌倉	計
○ミニマム編 200				
あかず　★	満足することがなく・飽きることがなく	209	28	237
いかがはせむ	（前出）	64	10	74
えもいはず	何ともいいようがないほど	33	29	62
こころにくし　★★	心ひかれる・奥ゆかしい	104	24	128
さるは　★★	それというのは・そうではあるが	86	6	92
されば　★	それだから・そもそも	163	577	740
○完成編 180				
あなかま	（前出）	30	4	34
あらぬ※1　★	別の・意外な	13	12	25
いざたまへ	（前出）	20	7	27
おとにきく	（前出）	13	5	18
さらず	やむをえず	28	1	29
さりとも　★	それにしても	157	23	180
そこはかとなし　★	どこということもない・とりとめもない	54	3	57
とまれかうまれ※2	とにもかくにも	5	0	5
なにおふ※3	有名である・名として持っている	6	4	10
ねをなく※3	声を出して泣く	20	2	22
われか	自分のことか・正体がない	12	1	13
をりしもあれ	ちょうどその時	1	0	1

※1　文頭および「、」の後の連体詞的用法の例のみをカウントした。
※2　「とまれかくまれ」の形の例 3 例を含む。
※3　「なにおふ」「ねをなく」は，「名–に–し–負う」のように助詞が挿入されている例を含む。

「いとしもなし」にいたっては，「中古では『いとしもあらず』の形が普通」（『日本国語大辞典 第 2 版』）であったこともあり，CHJ では『宇治拾遺物語』に 1 例見られるのみである。

他の単語集における連語の扱いはどのようになっているだろうか。『入試でチェック・ミニマム 200 古文単語 380』において，「副詞・その他」とされている表現のうち，その表現を構成する語それぞれに品詞情報が示されているものを連語として扱い，同様の調査をした結果を図表 3.7 に示した。ここにも多くの連語が掲載されているものの，図表 3.6 で見た『古文単語 330 改訂版』と共通して挙がっているのは「あなかま」「いかがはせむ」「いざたまへ」「おとにきく」のみである。また，この単語集においても，CHJ 平安時代編・鎌倉時代編での用例数が少ない「をりしもあれ」（『蜻蛉日記』に 1 例のみ）のような語が挙がっている。

さらに，図表 3.6，3.7 で見た単語集で重要とされる連語と，『三省堂全訳読解古語辞典 第 5 版』での「最重要語」「次重要語」の扱いが必ずしも一致していないことも注目される。

このように，単語集や学習用古語辞書を比較すると，掲載されている連語やその重要度は共通しているとはいえない上，CHJ での用例数とあわせて見てみると，他の語より重要度の高い表現として扱うべきであるのか疑問に感じられるものもある。

また，そもそもどのような表現を連語とするかについても，単語集によって異なっている。これは連語が，ひとまとまりとしての結びつきが強いとみなされれば，連語ではなく連体詞や形容詞，副詞といった品詞に分類されることもありうるためである。たとえば，『入試でチェック・ミニマム 200 古文単語 380』に連語として挙がっている「あらぬ」「こころにくし」は『古文単語 330 改訂版』ではそれぞれ連体詞・形容詞とされている。

ここまで見てきたような連語は，教科書や入試問題での扱いから重要語とされているのだと思われる。また，紙幅や学習者のニーズ等の都合から，数多くある連語のすべてを重要語とすることは難しく，掲載する語を取捨選択する必要もあるだろう。しかし，その選定方針に明確な根拠が示されているわけではない。また，単語集で重要語として挙げられている表現が，古典の本文の中ではさほど用いられていないというケースも散見された。CHJ を用い，実際の古典の本文に即して連語をリストアップした時には，どのような表現が上位にあがってくるだろうか。

2.　CHJ から見た連語

本項では前項を受け，CHJ の一定の尺度によって認定された「語の連続」の

図表 3.8　CHJ『源氏物語』の 2gram（上位 10 語）

単語の連続	出現形の例	用例数
給う-り	たまへる（1304）／たまへり（943）／　など	2621
なり-て	にて（1845）	1845
の-御	の御（1801）	1801
是-の	この（1730）	1730
に-も	にも（1494）	1494
聞こえる-給う	聞こえたまふ（338）／きこえたまふ（332）／　など	1433
給う-て	たまひて（1339）／たまうて（60）／　など	1416
と-思う	と思ひ（821）／と思ふ（307）／　など	1315
人-の	人の（1252）／他の（13）／ひとの（1）	1266
む-と	むと（793）／んと（382）／めと（55）	1230

図表 3.9　CHJ『源氏物語』の 5gram（上位 10 語）

単語の連続	出現形の例	用例数
べし-なり-も-有る-ず	べきにもあらず（18）／べきにもあらぬ（16）／など	41
なり-は-有る-ず-ど	にはあらねど（40）	40
と-様-斯く-様-なり	とざまかうざまに（29）／とざまかくざまに（2）	31
事-なり-も-有る-ず	ことにもあらず（10）／ことにもあらね（7）／など	27
御-心-の-内-に	御心の中に（27）	27
をば-然る-物-なり-て	をばさるものにて（26）	26
給う-に-付ける-て-も	たまふにつけても（25）	25
何事-に-付ける-て-も	何ごとにつけても（24）	24
なり-や-有る-む-と	にやあらむと（15）／にやあらんと（9）	24
心-の-内-に-は	心の中には（23）	23
なり-も-有る-ず-を	にもあらぬを（23）	23

用例数という指標を用いて，実際の古典の本文の中で多く見られる連語の抽出を試みたい。

まず，CHJ のデータから連続する 2 語から 7 語の単語を一律に切り出し (N-gram)，連続する語の組み合せとしてどのような表現が多く見られるかを調査した。例として，図表 3.8 に『源氏物語』から取り出した 2gram（2 語の連続），図表 3.9 に『源氏物語』から取り出した 5gram（5 語の連続）の上位 10 語を示す。

図表 3.8 を見ると，2gram の上位には「給う-り（例：給へり）」「の-御」のように連語とは言いがたいものが多い。しかし，古文の中に多く出てくる「語の連続」を知っておくことは学習上有益である。たとえば，「給ふ」と「り」の結びつきが強く，「給へ」に後接することが多い「る」や「り」が完了の助動詞「り」であることをおさえておくと，その識別についてしばしば問われる「る」を理解する一つの手掛かりとなるだろう。また，図表 3.8 には挙がっていないが，11 位以下には，「今-は（今頃は / もはや / そろそろ）」(338 例)，『古文単語 380』にも挙がっていた「飽く-ず（例：あかず）」(150 例）などの連語が見られる。

図表 3.9 の「べし-なり-も-有る-ず（例：べきにもあらず)」「なり-は-有る-ず-ど（例：にはあらねど)」「をば-然る-物-なり-て（例：をばさるものにて)」などの表現は，ひとまとまりのものとして把握することで，古典語でよく使われる文の述べ方について理解を深めることができ，それが古文に親しむことにもつながるだろう。また，11 位以下には「我-なり-も-有る-ず（うわの空で / 不本意ながら。例：我にもあらず)」(10 例)「其-の-事-と-無い（格別な原因，理由，目的などはない / 万事にわたって。例：そのこととなく)」(7 例)などの連語が見られる。

さて，以上をふまえて，1 項で見たもの以外に重要語として扱うべき表現がないか検討してみたい。『源氏物語』と同様に，『枕草子』や『落窪物語』等の複数作品から抽出した N-gram データを手掛かりにしていくつかの「単語の連続」を取り上げ，CHJ 平安時代編における用例数を作品別に示したものが図表 3.10 である。実際の古典の本文には，前出の単語集に掲載されていない連語表現も多く用いられていることがわかる。

また，その表現が使われている作品数の多寡という点から見てみると，図表 3.10 の「べし-も-有る-ず（…はずがない /…できそうもない。例：べくもあらず)」や「世-に-無い（世に存在しない / 非常にすぐれている / 時勢に合わない。例：世になき)」等は，用例数も多く，かつ様々な作品に使われており，その点からも重要な表現であるといえる。

一方で，「来る-き-方-行く-先（過去と未来。例：来し方行く先)」や「大方-の-世-に-付ける-て（世上一般の関係において。例：おほかたの世につけて)」

図表 3.10　CHJ 平安時代編における連語例

単語の連続	竹取	古今	伊勢	土佐	大和	平中	蜻蛉	落窪	枕草	源氏	和泉	紫式	堤中	更級	大鏡	讃岐	合計
べし-も-有る-ず	7	1	2	1	5	2	4	8	13	80	1		6	2	3		135
例-なり-ず							3	3	7	58	1	2	3		4	2	83
尽きる-為る-ず		1					4		1	65	1	1			3	1	77
疎か-なり-ず	3							4	1	53		1	1		2		65
世-に-無い	2				1	2	1	5	3	36	1	1			2		54
然る-物-なり-て					1		1	2	3	39		2		1	4		53
と-様-斯く-様							1	1		33							35
世-に-知る-ず						3			8	16				1			28
来る-き-方-行く-先										21							21
我-なり-も-有る-ず	1				1		3	2		10			1			1	19
馬-の-餞		5	3	4	2			2	1						1		18
然-かし								4		12							16
大方-の-世-に-付ける-て										10							10

のように，CHJ 平安時代編においては『源氏物語』にのみ複数例見られる連語もある。図表 3.10 にあげたもの以外にも，『伊勢物語』のみに 23 例見られる「昔-，-男-有る-けり-。（例：むかし，男ありけり。）」や『土佐日記』のみに 12 例見られる「或る-人-の-読む-り（例：ある人のよめる）」などの定型的な表現がある。このような特定の作品にのみ多く見られる「語の連続」は，その作品を特徴づけるものとして注目すべき表現であるといえる。

3. おわりに

以上，CHJ を用いて古文教材における連語について試行的に検討した。ある古文を初めて読む場合，単純に考えれば，目にする可能性が高いのは使用頻度の高い表現ということになる。重要な連語あるいは「定型的な語の連続」の選定にあたって，教科書や入試等の各種試験での扱いに配慮しながらも，使用頻度の高さという客観的な観点を取り入れることは有益であろう。また，古文に多く用いられる表現を把握することは，古文への理解を深め，その世界に親しむことにもつながると考えられる。

参考文献・資料

樺島忠夫・植垣節也（1995）『入試でチェック・ミニマム 200 古文単語 380』京都書房。
鈴木一雄・小池清治・倉田　実・石埜敬子・森野　崇・高山善行編（2017）『三省堂全訳読解古語辞典 第 5 版』三省堂。
田中牧郎（2011）「語彙レベルに基づく重要語彙リストの作成―国語政策・国語教育での活用のために―」『特定領域研究「日本語コーパス」言語政策班報告書　言語政策に役立つ，コーパスを用いた語彙表・漢字表等の作成と活用』（田中牧郎・相澤正夫・斎藤達哉・棚橋尚子・近藤明日子・河内昭浩・鈴木一史・平山允子）77-87 頁。
中野幸一監修（2013）『古文単語 330 改訂版』いいずな書店。
前川喜久雄監修・田中牧郎編・田中牧郎・鈴木一史・河内昭浩・棚橋尚子・相澤正夫・近藤明日子（2015）『コーパスと国語教育』朝倉書店。

関連 URL

国立国語研究所コーパス開発センター編（2017）『日本語歴史コーパス』（バージョン 2017.3，中納言バージョン 2.2.2.2）https://chunagon.ninjal.ac.jp/
日本国語大辞典第 2 版（JapanKnowledge Lib）
http://japanknowledge.com/lib/search/nikkoku/index.html?

[付記]

本研究は JSPS 科研費 JP 16K16850「歴史コーパスに基づく中世・近世語の複合辞および連語の研究」（研究代表者：渡辺由貴）の助成を受けたものである。
また，N-gram データ取得にあたっては，中村壮範氏（国立国語研究所）の協力を得た。

補遺 1

国定国語教科書のコーパス開発

服部紀子

1904（明治 37）年，国家による教育統制を図るため，尋常小学校・高等小学校で使用される教科書は文部省において著作権を有するものに限られるようになり，文部省著作の国定教科書が刊行された。国定の教科書は 1904（明治 37）年 4 月から 1949（昭和 24）年 3 月まで使用され，尋常小学校国語科では時期により以下に示すように 6 種類の教科書が使用されている。ただし，第 6 期は同年公布された学校教育法により国定制が廃止されたため，国定教科書に含めない場合もある。

国定教科書と言えば，軍国主義や終戦直後の「墨塗り教科書」といった負の印象を持つ読者もいるであろう。しかし，国定教科書は日本における標準語の確立・普及に大きく貢献したという役割があったことも忘れてはならない。文部省は国定教科書制定に際し『尋常小学読本編纂趣意書』で次のように述べている。

> 文章ハ口語ヲ多クシ，用語ハ主トシテ東京ノ中流社会ニ行ハルルモノヲ取リ，カクテ国語ノ標準ヲ知ラシメ，其統一ヲ図ルヲ務ムルト共ニ，出来得ルダケ児童ノ日常使用スル言語ノ中ヨリ用語ヲ取リテ，談話及綴リ方ノ応用ニ適セシメタリ。

これは，国語教育を通して，書きことばと話しことばの手本を示す意図を持っていたことを示している。同時に，「地方ニヨリテ名称ヲ異ニスルモノ等ハ成ルベク之ヲ避ケタリ」とも述べており，標準語の確立および普及を目標に掲げていたことが分かる。第 1 期の国定教科書は言文一致への気運が高まる中で誕生しており，『尋常小学読本』には言文一致体が採用された。しかし，明治 30 年代はいまだ口語の基準が定まっておらず，対話体の中には「かうしてはをられん」や「ふだん着てをる着物」など現代語とは隔たりのある表現が各所に見られることとなった。第1期で浮き彫りになった課題は第2期の編纂へ向けて整理・検討が行われた。国定教科書は，国語教育を通して近代における日本人の言語形成，すなわち，文字言語としての言文一致体の完成と音声言語としての標準語の確立を目指して編纂を重ねた教科書なのである（図表3.11)。

図表 3.11　教科書の変遷

	教科書（（　）内は通称）	使用開始年
第1期	『尋常小学読本』（イエスシ読本）一〜八	1904（明治37）年
第2期	『尋常小学読本』（ハタタコ読本）一〜十二	1910（明治43）年
第3期	『尋常小学国語読本』（ハナハト読本）一〜十二	1918（大正7）年
第4期	『小学国語読本』（サクラ読本）一〜十二	1933（昭和8）年
第5期	『ヨミカタ』一〜二 『よみかた』三〜四 『初等科国語』（アサヒ読本）一〜八	1941（昭和16）年
第6期	『こくご』一〜四 『国語』（みんないいこ読本） 第三学年 上下 / 第四〜六学年 各上下	1947（昭和22）年

このように国定教科書は現代言語生活の基幹となる標準語の確立経過を示す基本的な資料であることから，国立国語研究所では尋常小学校用国語科教科書の語索引『国定読本用語総覧』（1997（平成9）年，CD-ROM版）を刊行した。さらに現在は『国定読本用語総覧』を最新の研究成果・技術開発にあわせて新たな姿に生まれ変わらせるべく，コーパス化の計画を進めている。

コーパス化にあたり，上述6期分の尋常小学校用国語科教科書に加えて，高等小学校で使用された国語科教科書『高等小学読本』（第1期，明治37年）も収録した。そして，すべてのテキストに対して，高精度な形態論情報（見出し・読み・品詞・活用形などの語に関する情報）を付与している。これによって，語の検索だけでなく，語彙全体の調査・分析が可能となり，日本語や国語教育の歴史を知る上で有用なコーパスとなるであろう。語数にして約70万語の規模となる本コーパスは，国立国語研究所が開発中のCHJ（http://pj.ninjal.ac.jp/corpus_center/chj/）の一部として2018年度に公開する。

補遺 2
「日本語歴史コーパス」中高生向けインターフェイスの開発に向けて

宮城　信

1. 「日本語歴史コーパス」の教育現場における活用可能性

言うまでもなく，教育現場での ICT 活用の最大の利点は，学習者に多様な情報を提供できることにある。これは紙幅に制限のある紙の教科書の限界を容易に超えていけることを意味する。一方で，すでに指摘されているように，「ICT を活用した授業で有効に活用できる質の高い教材が不足していること」（文部科学省 2016，p.2）や，「個々の教員や児童生徒によって ICT 機器の操作能力の差異が大きいといったこと」（同）が課題となっている。順次改善されていることが予想される ICT 環境の設置状況の問題は脇に置いておくとしても，現状における以上のような問題点をどのように解決するかが喫緊の課題である。さらにもう一つの課題として，国語科の授業における ICT 機器の利用の遅れが指摘されている。新学習指導要領で示された，「主体的・対話的で深い学び」を実現するためには，教科書だけではなく，学習者が自由に自己の学びを実現できるための機会の確保，環境の整備にも配慮する必要がある。すなわち，ICT 機器に限らないが，教科書以外の様々な教材・教具も組み合わせた形で学習を進めていくことが求められるということである。とりわけ古典の授業に関しては，教科書以外の何をどのように用いたらよいのか，皆目見当がつかないという教師も少なくないのではないか。アクティブ・ラーニング型授業の重要性が説かれ，授業方法の転換が迫られている現状でそれを等閑視することもできず，まずは様子見からといったところであろうか。

このような課題の改善策として，本書では多彩な観点からの CHJ を活用したいくつかの実践が示されている。さらに本補稿では，中高の教育現場の状況を勘案しながら，CHJ を教室の環境の中でどのように活用したらよいかについて例を提示し，その際どのような問題が発生しうるのかについて検討する。また，それを今後どのように乗り越えていけばよいのかについても言及する。

2. CHJ を学校現場で活用する

CHJ の学校現場での活用については，以下のような方法があると考えられる。

(1) 教師が授業準備に活用する

CHJ の活用法として，現状もっともハードルが低いのが，教師が授業準備に利用するというものであろう。その活用方法として，授業で取り上げる語句が作品全体でどの程度使用されているかやそれぞれがどのような文脈で用いられているのかといった教材の分析を行ったり，作品全体から学習プリントなどに適した箇所を検索して使用したり，といったことが考えられる。いずれも比較的容易に古典作品を資料・教材として利用できる点に魅力がある。現状で学校現場での活用方法としてもっともポピュラーなものではないかと想像される。本書でも第2章のいくつかの実践がこの手法をもとに授業を展開している。

(2) 学習者が学習活動に活用する

古典の学習のあり方を大きく変える可能性が高いのが学習者自身が CHJ で検索する学習活動であろう。初期段階の利用法としてはとりあえず古語辞典同様に気になった語句を検索してもよい（検索操作に慣れる，検索結果を読み取る経験をする）。小学校でもよく見られる辞書を用いた調べ学習的な活動である。検索操作に慣れてくれば，教師の仕掛けに沿って重要なフレーズが他の章段や作品にも見られないかを調べてみることもありえる。さらには，学習者自身が作者や登場人物のものの見方や考え方について見通しを立て，実際にその根拠とできる語句の使用や偏りを探してみるのも面白い。このような CHJ の活用法の実践は本書の 2.5 節において提案されている。

⑶　学習者が発展的な学習に活用する

おそらくもっとも活用のハードルが高いものが，学習者自身が古典作品への興味関心を持って，主体的に見通しを立てて，調査分析にCHJを利用するといった発展的な学習の場合であろう。このようなCHJの活用法は「主体的・対話的で深い学び」を実現するアクティブ・ラーニング型学習にもっとも近いもので，おそらく日頃の授業などでの，教師の探求的学習への関心を高めるための周到な仕掛けが必要となる。様々な言語活動を通して古典の世界に親しむことを目標とする現在の中学校の古典の学習はもとより，「生涯にわたって古典に親しむ態度を育てる」（古典A）や「古典についての理解や関心を深めることによって人生を豊かにする態度を育てる」（古典B）を目標に掲げる高等学校での学習から見ても，求められるレベルの学習態度との開きがあるように感じられる。おそらくよほど古典好きの教師の薫陶を受けた生徒でなければ，高等学校の授業においてさえこのような学習活動は容易には成立しないのではないか。しかしながら理想的な学習活動であることには違いがないので，このような興味関心を持った生徒を育てることを目標にして，古典の授業を発展的に展開させていきたい。後の5項において，このような学習活動の需要の在処と可能性について述べる。

3.　学校現場におけるCHJ利用の問題点

ここで改めて指摘するまでもないが，中高の学校現場におけるICT環境の整備はまだ途上にある。この問題は段階的に整備が進められているのでいずれ状況は改善すると考えられるので，本補稿ではその他の学校現場で想定される問題点についてまとめておく。国語科の授業でCHJを使ってみようとすると，すぐにいくつかの課題があることに気づく。特に大きな問題点として次の2点が挙げられる。

① CHJの検索方法の修得の問題：CHJで古典作品を検索するためには現状ではやや複雑なインターフェイスを駆使する必要がある。

②利用アカウントの取得の問題：CHJを利用するためには現状では個々人がアカウントを申請する必要がある。

①の問題点に関しては，2.5節の実践でも示されるように少なくとも1時間程度の検索方法に関するレクチャーを行う必要がある。このようなことを考えると，やはり無理して国語科の授業にICT機器やCHJを導入する必要はないのではないかという思いが強くなる。しかしながらそれは杞憂である。すでに多くの学校で国語科以外の教科でICT機器を積極的に授業に活用している実状があり，ことに国語科の授業に限ったとしても，筆者がこれまで行ってきた授業実践においては，何回かの操作でほとんどの学習者が限定的ではあるが自由に検索機能を使いこなしていた。CHJを使って古典作品本文の検索をすることは，疑問に思った語句を，辞典で引いてみたりすることと同じである。その際，思いかけず新たな言葉との出合いがあることも楽しめるとよい。紙の辞典を引くにしてもどのように索引を利用するのかといった最低限の利用法の習得は必要であり，CHJを利用するための検索方法を身に付けるにはこれと同程度の学習が必要である。ただし，CHJが紙の辞典に比べてはるかに便利で比較できないほど豊かな情報を有している点を考慮すれば，学習者が支払うコストは決して高くはない。

それに対して，②の問題点は教室でのCHJ利用にとっては障害となっている。CHJの利用アカウント申請は，原則1個人1アカウントに制限されているので，学習者個々人で申請を行う必要がある。手続き自体は比較的簡単であり，スマホでもCHJの利用アカウント申請は可能であるが，煩瑣な作業であることに違いはない。おそらく多くの教室はCHJを利用した学習の導入段階にあり，やや難易度の高い古文の学習であることを考慮すると，4〜6名グループでの調べ学習が適切である。その場合，1クラスに6〜8台分のアカウントがあれば十分であるので，現状では教師側の工夫でどうにか対処可能である。ただし，今後ICT環境が整備され，利用が一般的になれば，1人1台の端末が利用可能になり，この問題がより顕在化してくるのは想像に難くない。

CHJの教室利用を推進していくために，今後早急に利用者側の負担軽減を目的とした，たとえば教室での利用を一括申請できるようなシステムの構築が必要となる。

4. 中高生用CHJの開発に向けて

ここまで学校現場（主に教室）でのCHJ活用の可能性について述べてきた。仮にICT環境が整っており，機器も学習者の人数に合わせて用意することができたとしても，学習者の状況によっては，CHJの利用にもう一つの問題が生じる可能性がある。CHJのインターフェイス（操作環境）である「中納言」は，研究者が必要に応じて様々な条件で検索できるように設計されている。結果として現状のインターフェイスは中高生の使用には煩雑が過ぎ，いささかハードルが高いように感じられる。おそらく中高生の学習者にとっては，簡易版検索である「少納言」の方が扱いやすい（ただし，現状CHJでは未対応）。検索結果の表示も研究者にとっては必要十分であろうが，デフォルトの状態では中高生の学習者が読み取りにくく，さらに口語訳が表示されない点に注意が必要である（一部JapanKnowledge：JKにリンクが張ってあり，『新編日本古典文学全集』（小学館）の口語訳付きの当該ページを参照可能な場合もあるが有料）。これは平均的な中高生学習者のレベルを考慮した場合，教具としては致命的な情報の欠落ということになる。現状では，この点を他の資料で補完するしかない。

このような現状に鑑みて，いずれは中高生の利用に特化したCHJの開発が必要となると考えられる。「中高生用CHJ（仮称）」の要件として必須なのが，データや検索システムはCHJに基づきつつ，主要な機能に精選した新設のインターフェイスと，現代語訳を並記できるような結果表示機能を新たに追加するといったことであろう。現時点での要求を満たすために想定可能な改修点は以下のようになる。

①検索画面の簡略化：現在のCHJのインターフェイスは，研究者向けに様々な条件で検索可能でかゆいところに手が届く仕様になっている。中高生の利用を想定した場合，このままでは煩雑で使いにくい。多くの場合，中高生の学習者はさほど複雑な検索条件は必要としない。文字列検索レベルでも十分に事足りることが多いので，たとえば，作品選択と検索語彙入力欄，検索開始ボタン，程度の極力シンプルなインターフェイスの仕様にすることが望ましい。

②教科書収録作品と連携した収録資料の整理：教科書には「枕草子」「徒然草」「平家物語」などのどの社の教科書にも収録されている定番作品，よく取られている章段があり，学習者の興味や発達段階を意識した作品の選定が行われている。学習支援を意識した中高生用 CHJ を開発するのであれば，現在の収録作品の中から教科書と連携した作品を選択しやすい位置に表示する（たとえば作品リストの上位の階層に配置するなど）ようにすると授業と連携して使うときに便利である。

③現代語訳の同時表示（並記）：現状では，検索結果の表示は本文のテキストだけに留まる。教育現場での利用（特に中学生）を意識した場合，本文と当該箇所の現代語訳を並記して表示できる機能は必須である。語句の検索が主な活用方法だとしたら逐語訳の方が学習者にとっては便利であろう。

今後このような，ニーズに答えた検索システムが整備がなされていけば，CHJ の利用可性は飛躍的に向上するといってよい。

5.　教育現場における CHJ 活用の可能性

ここまで述べてきたような注意点にていねいに配慮すれば，CHJ は現状でも十分に国語科の古典の学習に活用することができる。本補稿では，これまでの実践をふまえてコーパスを利用した学習の利点について述べておく。

まず，コーパスを利用すれば調査が比較的容易に進められるので，その分内容の分析に時間を割くことができる。また，ある程度教師の仕掛けが必要であるが，学習者自らが考えながら試行錯誤して，作者の執筆姿勢や作品の本質に迫るような学習も可能である。現行の多くの教科書でも作者のものの捉え方や考え方を本文から読み取る課題が設定されているが，それらがより主体的に展開する学習として発展可能である。

ここでさらに発展的な内容として，本補稿２（3）項で指摘した主体的に CHJ を活用する学習者を実現できる有望な可能性について述べる。

現在いくつかの県立の高等学校では，普通科に併設して探求（学）科を設置している。探求科では，主に１，２年次に「探求基礎」や「課題研究」といった授業が行われており，大学教員の支援を受けながら，生徒らが主体となって探求課題を設定して課題解決に取り組むという高大連携の学習活動が行われている。筆者が支援に協力している県立高校の探求科では，指導教員の支援を受け，ゼミ形式による専門分野の探究活動を行い，生徒が主体となってテーマを設定して発表し，最終的に各自が論文にまとめるといった学習活動を行っている。探求科には文系理系両方の生徒が所属しているので，化学実験や数理理論を取り上げた課題も多いが，人文社会系の課題を探求する生徒らも多い。特に国語科の古典分野に限って言えば，筆者の関わる範囲だけでも，最近（平成24年度～29年度）次のような探求課題を高校生達が取り上げてみている。

・「伊勢物語」―歌物語としての東下りと東国の女たち―
・「平家物語」にみられるオノマトペの使われ方にはどのような特徴があるか
・本歌取り研究
・源氏物語における異形のものについて
・「源氏物語」垣間見に見る美の概念～語彙から探る美的理念
・「源氏物語」垣間見に見る美の概念～「紫の上」に見る美の変遷
・「源氏物語」垣間見に見る美の概念～垣間見に始まる恋のなりゆき
・四季折々の「万葉集」から見た富山県には，どのような特徴があるか
・「源氏物語」の正妻と愛人にみる真実の愛
・「源氏物語」の和歌にみる女君の人柄
・「源氏物語」読み比べ
・紫式部の性格は「源氏物語」にどのように投影されているか
・苛烈な報復は必要か―「落窪物語」の魅力に迫る―

探求科の課題は生徒ら自身の興味関心に基づき決定されるので，どんな点に着目して調査を行うのかは，個々人に委ねられている。これまでは，高校の指導教員のもとで研究書の調査結果や索引などを利用して，課題探究が進められるのが一般的であった。ただし，生徒も指導教員も専門家ではないので，調査範囲が限定されている。また，学校はもとより近隣の図書館にも適切な資料がないことも多く，学習に支障が出る場合もある。そこでCHJが活用できる可能性は高い。実際，筆者が支援しているグループでも，高校生が索引ではなくCHJを利用して語句の調査をした例があり，現状の状態でも十分な需要がある

と考えられる。限定的ではあるが，適切な段階でCHJを導入することができれば，学習者が自ら主体的にCHJを活用する学習態度の形成につなげていくことは十分に可能であると考えられる。

6. おわりに

以上，本補遺では，CHJの教室利用を意識した場合の活用可能性と問題点，そしてその解決に向けた取り組みの状況を紹介した。CHJの可能性と問題点の共有が少しでもできたのであれば，筆者の目的はほぼ達成されたと考える。開発者の側からだけではなく，教師も含む利用者の側からの実践や要望の発信が教材・教具としてのCHJをよりよく育てていくと考えており，今後のCHJの教育利用に向けた改修・発展には利用者を含めた関係者全体の協力が欠かせない。現状では，本書の各実践を除けばCHJの知名度に比して学校現場での利用状況はさほど芳しくない。CHJは本来教育利用を意識して開発されたものではないので，現状で教育現場の要求を必ずしも満たしてはいない。しかしながら本稿で指摘した課題が順次解決されていけば，今後段階的に教育現場での需要拡大が十分に期待される。

引用・参考文献

文部科学省（2016）「「デジタル教科書」の位置付けに関する検討会議 最終まとめ」http://www.mext.go.jp/b_menu/shingi/chousa/shotou/110/houkoku/1380531.htmz

第 4 章

新しい語彙集・文法集

4.1
コーパスを活用した古典語彙集

須 永 哲 矢

1．『徒然草』対応語彙集

(1)　コーパスを活用した古典語彙集の作成

コーパス，または形態素解析ずみの古典本文を活用して，Excel形式の語彙集を容易に作成することができる。語彙収集範囲や収録語彙のレベルなど，作成者の都合に合わせ自由に編集できるので，様々な状況に適用できるはずである。ここでは『徒然草』全文を読むために必要な単語集の作成を例に，語彙集の作成方法を紹介する。

(2)　サンプル『徒然草』語彙集の内容とレベル設定

ここで示すサンプルは，『徒然草』を最初から最後まで，通しで読むにあたって必要な単語を「動詞」「形容詞・形容動詞・副詞」「名詞」に分けてリスト化したものである。

〈収録語彙〉

収録する語は，以下（A）（B）にあたる語を除き，編集者が判断する。

（A）「給ふ」など，基本的すぎる語。

（B）必ず注釈がつくことが予想され，その語を覚えても今後学習者にとって利用する機会のなさそうなもの（固有名，仏教用語，官職名など）。

これらを除いた上で，基本的に「わからない語はこのリストで網羅できる」という語彙集を目指した。

〈意味記述〉

意味記述については，『徒然草』内での訳のみにとどめ，「このリストで簡単に訳せる」ということを目指した。よって，本リストの位置づけは，あくまで「徒然草対応」というところに特化させたものである。

たとえば「ゆゆし」には「不吉」というマイナスの意味と「立派」というプラスの意味があるとされるが，『徒然草』内での用法においてはプラスの意味でしか用いられていない。そこで本語彙集での「ゆゆし」の記述は「立派」のみを採っている。このように，古語辞典とは逆に，対象作品の範囲内の意味に絞った記述をすることで，特定のテキストを読むために特化した語彙集を作成してみようというのが今回の語彙集作成の意図である。訳については小学館『新編日本古典文学全集』を参考にしつつ，古典学習を意識した上で分かりやすさを優先し，ややくだけた訳を採った。このような対応が自由にできるのも，自作できればこそである。

(3)　語彙集の作成方法

CHJ内の「検索対象を選択」で対象とする時代，作品を表示し，「鎌倉」内の「徒然草」にチェックを入れ，「OK」。これで短単位検索画面に戻るが，検索対象が『徒然草』に絞られる。こののち，「品詞の大分類が名詞」とすれば『徒然草』内のすべての名詞が，「品詞の大分類が動詞」とすれば『徒然草』内のすべての動詞が取り出せる。このような手順で，「名詞」「動詞」「形容詞」「形状詞」「副詞」の検索結果をダウンロードし，Excelで編集すればよい。なお，自分で形態素解析ができれば，CHJを採集もとにする以外に，自身で形態素解析後のExcelファイルをもとにこのような作業をすることも可能である。作品全体を対象にしたいのであればCHJの利用が便利であるが，教科書に載っているごく短い部分のみを対象とする場合など，局所的な語彙集を作るのであれば，自分で形態素解析して作成する方が早いだろう。

検索結果をExcelで開き，「語彙素読み」(現代語形カタカナ表記。これを利用すれば最終的に五十音順に並べることができる。五十音順に並べる必要がなければ不要)，および「語彙素」(現代語形・漢字仮名交じり代表表記)または「語形代表表記」(古典語形・漢字仮名交じり代表表記)を残し，他の列を削除する。「語彙素」(または「語形代表表記」)列に対し，Excelの「重複の削除」を行う(ここが語彙集の見出しとなる)。これにより，1作品内に複数回登場した語も

1回のみの表示となり，語彙リストが完成する。このファイルに新たに意味記述の列を設け，本文を読み進めながら，必要と思われる語に対し意味記述をしていけばよい。指導する必要のない語の方が圧倒的に多いが，それらについては無視して意味記述をせず，最後までチェックが終了してから，意味記述の列に対しExcelのフィルタ機能で「空白セル」を選択し，一括で削除することができる。語彙リストをみて，最初から必要な語だけを洗い出すという方法もありうるが，経験的には指導者側もリストの語を見ただけでは気づかない，「見た目は地味だが文脈上特別に注意が必要な語」があったりするので，作業中のリストとしてはすべての語が残っている方がよいと思われる。この意味記述の付与作業がひと通り終わったら，「語彙素読み」列に対し「昇順で並び替え」を行えば，五十音順に並べることができる。並び替えを行った後，語彙集としては不要な「語彙素読み」列は削除する。なお，今回は『徒然草』すべてという，比較的長い範囲を対象としたため，対応語彙集としては辞書・索引的に探す便を考え五十音順に並べ替えたが，対象とするテキストが短い場合，あえて並び替えを行わずもとのままにしておけば「テキスト出現順」になるので，場合によっては並べ替えない方が効果的な教材となる場合もある。以上の作業のみで，特定のテキストに特化した語彙集を作成することが可能になる（図表4.1）。

今回収録したのは『徒然草』全体，選定後の語数でも約600語と多いが，これでも作業時間は2日程度である。

図表4.1　『徒然草』語彙集

形容詞・形容動詞・副詞

あからさま　たまに，ちょっと
あさ(朝)なあさ(朝)な　毎朝
あさまし　見苦しい，あきれるほど
あぢきなし　つまらない
あまた　たくさん
あやし　不思議，粗末，身分が低い，卑しい
あら(荒)らかなり　荒々しい
あらまほし　望ましい
ありがたし　ありにくい＝めったにない
いかめし　盛大
いくばく　どれほど
いさ　さて，さあ
いささか　いくらか
いた(痛)く　ひどく，たいそう
いたづかはし　あくせく苦労する
いたづらなり　無駄・無意味，はかない
いたまし　かわいそう，迷惑そう
いときなし　幼い
いとど　ますます，いよいよ
いとはしげなり　いやそう
いは(況)んや　まして
いぶかし　不審
いぶせげなり　いとわしい，きたならしい
いま(今)めかし　今風，今っぽい
いみじ　立派，すばらしい
いよいよ　ますます
いらなし　大げさ
いろ(色)なし　無粋
うたて　何ともイヤ
うつつなし　正気ではない
うとし　遠い，よく知らない，親しくない
うとまし　いとわしい，遠ざけたい気持ち，嫌な気分になる
うやうやし　礼儀正しい
うらなし　心の隔てなく，本心で
うららかなり　晴れやか
うるさし　嫌味な感じ，うっとうしい

うるはし 端正，きちんとしている
えん(艶)なり 優美
おこなり バカ
おとなし 年配，落ち着いている
おどろおどろし 騒々しい
おほかた 一般に，おおよそ，だいたい／打消しの強調
おぼし 思っている，胸に溜めている
おぼつかなし はっきりしない，よくわからない，心もとない，不安
おほやう 一般に，だいたい
おろ(愚)かなり 愚か，おろそか
おろそかなり 粗末
かけず たわいなく
かしかまし うるさい
かしこし 畏れ多い
かず(数)ならず とるに足りない
かたくななり 物事がわからない，見苦しい，粗野
かたはらいたし 傍にいていたたまれない。「うわーイタイなこいつ」って思う
かつ 一方で
かなし 悲しい／かわいい，いとしい
かはゆし かわいそう
かひがひしげなり 頼もしい
からし 危うい
きはまりなし この上ない
きよらなり 華美
きらきらし はなやか
きららかなり きらびやか
くまなし 曇りがない
くらし ものをよく知らない
けおさる 圧倒される
げに 本当に
けやけし きっぱり
ここら たくさん
こころ(心)づきなし 気に入らない
こころ(心)にくし 奥ゆかしい，いい感じ
こころ(心)うし つらい，情けない，残念，いや
こころ(心)と(疾)し 気が早い
こちたし 大げさ
ことうるはし 言葉づかいがきれい
ことことし 大げさ，やかましい
ことやう(異様)なり 異様，いつもと違う
こはし 強い。「手ごわい」の「こわい」
さうざうし さびしい，物足りない
さうなし 「左右なし」→並ぶ者のいない／何も考えず簡単に
さがなし たちの悪い
さだかなり 確か
さとし 頭が働く
さはさは さっぱりした感じ
さま(様)あし みっともない，無様
さら(更)に 全く（打消の強調）
さらなり 言うまでもない
しげし 忙しい，多い
しのびやかなり ひそか，こっそり
しめやかなり しんみり
しれたる ばかな，ふざけた（「酔いしれる」の「しれる」）
しんみょう(神妙)なり 立派
すく(健)よかなり 剛直
すずろに むやみやたらに
すべからく ぜひとも（〜すべきである）
せち(切)なり 切実
そこばく たくさん
そぞろに むやみやたらに
たえ(妙)なり 絶妙
たく(巧)みなり 上手
たけし 激しい（猛し）
たの(楽)し 生活が裕福
たやすし 簡単，軽い，チョロい
たゆみなし 油断しない
つきづきし そこにふさわしい，似合っている（「バカバカしい」みたいに「付き付き」しい）
つたなし 下品，未熟，下手，つまらない，無様
つづまやかなり つつましい
つやつや 全く（打消しの強調）
つゆ 少しも
つれづれなり することがなく退屈な様子
つれなし 平然とする
て(手)づから 自分の手で
とこしなえ 永久
ところ(所)せし いばった態度
ところせ(所狭)げなり きゅうくつそう
とし すぐに，早く
とも(乏)し 貧しい
なかなか かえって
なつかし 親しみを感じる（わずらう→わずらわしい，なつく→なつかしい）
なでふ 「何といふ」，何だって，どうして
なべて 一般に
なほざりなり いいかげん，あっさりしている
なまじ うかつに
なまめかし 優雅
なれなれし 慣れ親しんでいる
に(似)げなし 似合わない
にぎははし 裕福
ねが(願)はし 望ましい
ねたし 恨めしい
ねんごろなり 念入り，心をこめて
のどけし のどか，ゆったり
のどやかなり のどか，ゆったり
はかなし 頼りない，あさはか
はかなむ 儚いものだと思う
はかばかし しっかりした
はづかし 気が引ける
はなはだ とても
はやく もともと
はら(腹)あし 怒りっぽい
はれらか むき出し
ひがひがし ひねくれている
ひたふる いちず
びん(便)あし 不都合
ふつつかなり 軽率
ふる(古)めかし 古風
ほい(本意)なし 不本意，残念
まう(猛)なり 「なり」。盛ん
まことし 本格的，本当っぽい
まどかなり まんまる
まばゆし 恥ずかしい
まめやかなり 誠実
みだり 勝手に，ろくに考えない，いいかげん
むげ(無下)なり むやみに，ひどい
むつかし わずらわしい，ウザい
むつま(睦)し 仲がいい
めでたし すばらしい，美しい
めやすし 「目安し」。見た感じがいい。見苦しくない
ものうとし うっとうしい，ウザい
ものぐるほし 狂ったような気分
ものふる なんとなく古びた感じ
やうやく しだいに
やがて すぐに，そのまま
やさし 優雅
やすし 安らか，簡単
やすらかなり 落ち着いた感じ
やんごとなし 尊い，並ではない
ゆう(優)なり やさしい

ゆかし　心惹かれる／聞きたい，知りたい
ゆゆし　立派
よ(夜)もすがら　一晩中
よう(用)なし　不要
よしなし　どうでもいい，つまらない
よに　実に
よのつね　「世の常」：よくあること／「尋常」：正気
よも　まさか
よよ　飲み物をぐびぐび飲む感じ
よろし　悪くない
らう(乱)がはし　ごちゃごちゃ混雑してる感じ，騒がしい
らうたし　かわいい
わづらはし　病気，面倒
わびし　残念，さびしい
わりなし　強引，無理やり
われかしこ(我賢)げなり　自分こそが賢そう
わろし　よくない
をかし　いい感じ
をこがまし　バカみたい
をさをさ　（否定を伴い）ほとんど

動　詞

あいなし　面白くない，不本意だ，味気ない
あかる　別れる
あきらむ　明らかにする＝はっきり説明する
あさむ　あきれる
あざむく　だます
あづかる　関わる
あと(跡)なし　根拠がない
あひしらふ　対応する
あらがふ　争う
あらます　予期する，期待する
あるじまうく　主人として客をもてなす
いきのぶ　息が伸びる＝長生きできるご利益がありそうなほど，いい，っていうほめ言葉
いさ(諫)む　忠告する
いさかふ　口論する
いたむ　いやがる
いとなむ　作る
言ひ消つ　悪く言う，けなす
言ひしろふ　言いあう
言ひなす　話を盛って言う
言ひまがふ　言い間違える
入りたつ　深く立ち入る
いろふ　関わる
う(浮)く　浮いている＝不確か，しっかりしていない，根拠がない
失す　死ぬ
うそぶく　口ずさむ
うちある　普通にしている
うちしきる　繰り返す（「しきりに」～する）
おきつ　指図する
おく　さしおく，放っておく
おく(遅)る　劣る
おごめく　うごめく
おこる　一斉に出る
おとづる　訪ねる
おとなふ　音を立てる
おほしたつ　育て上げる
おぼめく　はっきりしない様子をする
思ひおきつ　考えて決めておく
思ひくたす　見下す，軽蔑する
思ひ分く　区別がつく
思ひわづらふ　思い悩む
およ(及)びかかる　後からのしかかる
およすぐ　地味にする
お(下)る　位から降りる→退位する
かがまる　かがんだ状態になる，腰が曲がる
かく(隠)る　亡くなる
かこつ　不満を言う。愚痴る
かしづく　世話する
かづく　かぶる
かな(奏)づ　演奏する
かみ(神)さぶ　神々しい
かん(感)ず　感動する
きざす　芽生える，兆候をあらわす
きはまる　追いつめられる
きゃう(興)ず　面白がる
ぎゃう(行)ず　修行する
ぐ(具)す　連れる
くちを(口惜)し　つまらない，残念
け(気)うとし　人気のない
げにげにし　もっともらしい
こうず　疲れる
こころ(心)づく　気付かせる
こころ(心)もとなし　待ち遠しい
こころ(心)行く　気が済む（「心ゆくまで」）
こころ(心)おく　遠慮する，気兼ねする
こころ(心)まさる　優れた意見だとご機嫌になる
こしらふ　作る
ことか(事欠)く　不自由する
ことさむ　がっかりする，興ざめ
ことそぐ　簡素にする
ことつく　かこつける
こととふ　話しかける
ことふる　言い古されている，昔から言われている
ことわる　道理を説く（理：ことわり，の動詞版）
さかふ　逆らう
ささぐ　のけ反る
ささめく　ささやく
さふ　さえぎる
さらぼふ　痩せ衰える
しづむ　落ち着かせる
しへた(虐)ぐ　虐待する
しほたる　濡れる
しょう(請)ず　頼んで招く
すかす　だます
すさぶ　暇つぶしに，軽い気持ちでやる
すさまじ　興ざめ，面白くない
すぢる　体をくねらせる
すべる　そっと退座する
せく　妨げる（「せき止める」の「せき」の部分）
そしる　非難する
そぼつ　濡れる
そん(損)ず　こわれる。破損の「損」
たうぶ　飲食する
たく　年齢を重ねる（「長ける」）
たくむ　たくらむ
たしな(嗜)む　練習する
たの(頼)む　あてにする，信頼する
たばかる　考えを巡らせる
たばさ(手挟)む　手にはさむ
たはぶ(戯)る　ふざける
たはる　恋におぼれる
たぶ　飲食する（「食べる」以外に「飲む」も含む）
たゆむ　ゆったりする，たるむ
ぢゅう(住)す　とどまる
ついゐ(居)る　膝をついて座る
つくろふ　整える
つつむ　はばかる，遠慮する
つはる　芽生えたものがさらに成長する（妊婦の「つわり」もこれ）
つみ(罪)なふ　処罰する
とどこほる　停滞する

ととのほる　整う
とぶらふ　訪問する
取りまかなふ　世話する
な(萎)ゆ　着古してよれよれになる
な(馴)る　親しくなる
なづむ　こだわる / とどこおる
なまめく　上品な
によふ　うめく
にれうちかむ　食べ物を反芻する
ぬすむ　密かに隠す
ねぢく　ひねくれる
ねんごろなり　心をこめて
のく　離れる
のごふ　ぬぐう
ののしる　大声を出す，騒ぎ立てる
は(馳)す　走らせる
はかる　たくらむ / 推し量る
はく　（刀などを）腰につける
はばかる　遠慮する，外出できない
はふる　落ちぶれる
ひがむ　ゆがむ
ひきしろふ　ひきずる
ひきつくろふ　あらたまった態度をとる，身だしなみを整える
ひさく　売る
ひしぐ　つぶれる。「ひしゃげる」
ふすぶる　くすぶる，いぶす
ふたがる　ふさがる
ふたぐ　ふさぐ
ほこる　自慢する
ほる　我を忘れる，ぼんやりする→「惚れる」
まかる　参る
まかる　高貴な場から退出する，出かける
まつはる　とりつかれる（「まとわりつく」の「まとわる」）
まどろむ　うとうとする
まぼる / まもる　見つめる
み(見)ゆ　見える / 結婚する
みつぐ　手助けする
むつぶ　親しくする 「仲むつまじい」の「むつぶ」
め(芽)ぐむ　芽を出す
めづ　愛する
めな(目慣)る　見なれる
もたぐ　持ち上げる
もだす　黙る
もどく　非難する
やはらぐ　やらかくなる，柔和
やぶる　傷つける
ゆゑづく　由緒ある
よ(世)づく　俗っぽくなる
よそふ　なぞらえる
よろぼふ　よろめく
わぶ　つらく思う
ゐ(率)る　連れる
ゐ(居)る　（人が）座る，（鳥が）とまる

名　詞

きげん(機嫌)　時期，頃合い
せうり(小利)　わずかな利益
ふげつ(風月)　詩歌
ようい(用意)　遠慮，配慮
～どち　～同士
～のがり　～のもと
あいぎゃう(愛敬)　やさしさ，親しみ
あがき　足ではねる（「悪あがき」←無駄に足をバタバタさせる）
あからめ　よそ見
あさぢ(浅茅)　荒れた家の表現
あし　お金
あふさきるさ　ああでもないこうでもない，と考える感じ
あらがひ　争い
あらまし　心づもり，予期，予定
いうそく(有職)　宮中のしきたりなどに詳しいこと
いさかひ　言い争い
いさめ　忠告
いち(一)の人　摂政・関白
いとま　暇
いにしへ　昔
いも(妹)　恋人
うし(後)ろ手　後ろ姿
うじゃう(有情)　命あるもの
うた(歌)くづ　クズ歌。出来の悪い歌
うたまくら(歌枕)　歌の題材になる名所
うちうち　内緒，よそ行きでない家の中での状態
うつし心　正気
えうじ(要事)　必要なこと
おこな(行)ひ　修行している人
おごり　ぜいたく
おぼ(覚)え　評判
おもむき(趣)　だいたいの趣旨
かうみゃう(高名)　有名，手柄
かきゅう(火急)　大急ぎ
かきん(瑕瑾)　欠点
かぐ(下愚)　最低レベルに愚か
かげ(影)　姿
かたうど(方人)　味方
かたち　容貌
かたは　不自由な体
かたへ　相手，仲間，傍ら
かち　徒歩
かぶし　頭の形
かみ(上)ざま　上流階級
から　亡き骸
かんのう(堪能)　達人，上手
きこ(聞)え　評判
きざし　前兆
きは(際)　身分
きぼ(規模)　規範
きみ(気味)　味わい
きゃうおう(饗応)　主人としてごちそうすること
きゃうがい(境界)　専門分野
きょうえん(興宴)　遊び
きら　美しさ
きんちう(禁中)　宮中
くご(供御)　ごちそう
ぐそく(具足)　道具類
ぐち(愚痴)　愚か
くち(口)づき　馬の運転手
くちばみ　まむし
ぐぶ(供奉)　お供
くもつ(公物)　公用の器物
くわさ(過差)　度を越したぜいたく
け(褻)　日常・私的なこと
けいこ(稽古)　学識が高いこと
けう(希有)　めずらしいこと
げこ(下戸)　酒が飲めないこと
げさう(外相)　外面
げす(下衆)　身分の低い者
けだい(懈怠)　なまける
けはひ　様子，雰囲気
げらう(下臈)　身分の低い者
ここもと　身近な手元
こころ(心)ばえ　性格
こころおと(心劣)り　がっかり，幻滅
こじうと　妻 / 夫の兄弟
こじつ(故実)　古くからの慣例
ごせ(後世)　来世での極楽往生
こつ(骨)　才能
ことうけ　返事
ことぐさ　文句，歌句
ことざま　ありよう，雰囲気
ことゆゑ　支障
さうでん(相伝)　先祖代々の言い伝え

さうろん(相論)　論争
ざえ(才)　学識
さしいらえ　受け答え
さた(沙汰)　問題
しだい(次第)　順序・やり方
したり顔　得意顔
しちく(糸竹)　管絃
しづ　身分の卑しい者
しつ(失)　欠点，害
しもべ(下部)　身分の低い者
しゃうこ(上古)　大昔
じゃうご(上戸)　酒が飲める人
しゃうこつ(性骨)　生まれつきの才能
じゃうず(上手)　名人
じゃうらう(上臈)　身分の高い者
しゃうり(勝利)　ご利益
しょくわ(所課)　罰ゲームとして課せられた，ごちそう
しょけ(所化)　弟子
しるし　きざし，効果
しれもの　ばか者
しわざ　すること
じんりん(人倫)　人間
すさび　暇つぶし
するすみ　しがらみなく生きられること
すんいん(寸陰)　わずかな時間
せつな(刹那)　ごく短い一瞬
せんだつ(先達)　案内してくれる人
ぜんてい(前程)　将来
そくさい(息災)　健康
そこはか　はっきり
そしり　非難
そぞろごと　とりとめもないこと
そら　何も見ないこと
そらごと　嘘
だいじゃう(堂上)　宮殿にのぼること
だうにん(道人)　修行している人
たけのそのふ(竹の園生)　皇族
ただうど(人)　臣下，一般の貴族
ただびと(人)　凡人
たづき　手段
たてあけ　開けたり閉めたり（戸を「立てる」）
ためし　例
たより　配置
ぢゃうぢゅう(常住)　永久に存在すること。「無常」の反対
ちゅういん(中陰)　四十九日
つきかげ(月影)　月の光
つごもり　月末
つと　みやげ
て(手)　普通の「手」以外に，字／怪我（「痛手」とかの「手」）の場合あり
とうじゃう(闘諍)　けんか
とが(咎)　欠点
とく(徳)　人徳／「得」と同じで利益
とくじん(徳人)　金持ち
ともがら(輩)　仲間
どよみ　どっと笑う
とんぜい(遁世)　世を捨てた
ないしょう(内証)　内面
なか(仲)らい　間柄
なかぞら(中空)　中途半端
にんじ(人事)　人間がすること
ねや(閨)　寝室
ねんねん(念々)　一瞬一瞬
は(晴)れ　公的なこと
はいしょ(配所)　罰として流された場所
はうげ(放下)　捨て去ること
はうごん(放言)　暴言
はうらつ(放埒)　勝手なことをすること
はだへ　肌
はらから　兄弟
ひか(非家)　専門家でない者
ひかげ(日影)　日の光
ひがごと(僻事)　まちがったこと
ひぐ(日暮)らし　１日中
ひま(隙)　すき間
ふかん(不堪)　下手，未熟，不器用
ふすま(衾)　ふとん
ふち(扶持)　生活の世話
へだて　区別
ほだし　しがらみ
ほんざう(本草)　薬草の本
ほんせち(本説)　根拠となる説
まがり　木のお椀
まさな事　戯れごと，ちょっとした料理
まれ人　客人
みち(道)すがら　道の途中
みめ　容貌
みれん(未練)　未熟，練習不足
むじゃう(無常)　無常，死
むね　専門
もちづき(望月)　満月
ももじり(桃尻)　馬に乗るときに座りの悪い尻
もよひ　用意，準備
もろ矢　２本の矢
やま(山)がつ　山で暮らす身分の低い者
ゆする　髪の手入れ
よしなしごと　とりとめもないこと
よすが　縁
よせ　縁故
よそほひ　様子
よはひ(齢)　年齢
よろづ　全て
るいだい(累代)　代々
れい(霊)　例妙なもの
れうけん(料簡)　考え
ゐじゅん(違順)　逆境と順境
ゑびす(夷)　武士，蛮族
心おくれ　思慮が足りないこと

2. 敬語語彙集

(1) 自分で手を加えたデータを再利用しての語彙集作成

4.1.1 項ではコーパスの検索結果，もしくは形態素解析結果を利用しての語彙集の作成を紹介したが，この応用として，2.4 節で紹介したような自作教材を再利用することで，自動形態素解析結果だけではできない語彙集を作ることもできる。ここではその一例として，敬語語彙集を公開する。

(2) 自分で付与した情報のリスト化

形態素解析は，品詞の判別はするが，助動詞の意味や動詞の敬語としての用法など，意味・用法には踏み込まない。そのためそのままのデータでは，意味が関わるものに対する集計は不可能である。しかし 2.4 節で紹介したように，形態素解析結果をもとに自身で情報を付与したデータを作っておくと，あとあとその情報を再利用して新たな教材を作ることも可能になってくる。2.4 節の総合学習教材では，形態素解析結果に助動詞の意味や敬語の用法，誰から誰への敬意か，漢字の読みなどを付与した。このデータから漢字の読みが付与されている行を抽出すれば「読みに気をつけるべき漢字のリスト」ができるし，敬語の種類が注記されている行を抽出すれば「テキスト内に出てくる敬語のリスト」ができる。形態素解析では「動詞」を取り出すまでしかできないが，自身で「尊敬」「謙譲」「丁寧」と情報を付与しておくと，敬語のみを抽出することも可能になるのである。

筆者は 2.4 節で紹介した学習教材を数年間試験運用していたため，学習教材のファイル数がそれなりに蓄積されていた。図表 4.2 に示したものがそのファイルの内容であるが，高校の 1 年から 3 年まで幅広く使用された，計 35,000 語分のデータであり，ここから注釈欄に「尊敬」「謙譲」「丁寧」という文字列が含まれるものを抽出することで，学校の授業で使うテキストの中から，よく出てくる敬語を順位づける，といった試みが可能になる。なお，この作業は 2.7 節で紹介したプロジェクト科目の参加学生によるものである。データ作成時にはこのような敬語抽出を行うことは想定していなかったが，データ状態で保持

図表 4.2　敬語採集元とした教材ファイルの内容

竹取物語	竜の首の珠
土佐日記	海賊の恐れ
伊勢物語	さらぬ別れ　月やあらぬ　ゆく蛍
蜻蛉日記	鷹を放つ，嘆きつつ
枕草子	うれしきもの，上にさぶらひつる御猫は，中納言参りたまひて，二月つごもりごろに
源氏物語	桐壺，夕顔，若紫，花宴，葵，須磨，明石，薄雲，若菜上，若菜下，柏木，夕霧，御法，幻，東屋，浮舟，夢浮橋
和泉式部日記	薫る香に
紫式部日記	左衛門内侍　和泉式部と清少納言
堤中納言物語	虫めづる姫君
大鏡	雲林院の菩提講，花山天皇の出家，宣耀殿の女御，三舟の才，村上天皇と中宮安子，道長と伊周，道真の左遷，道長の豪胆
方丈記	養和の飢饉，地震と大風，日野山の閑居
宇治拾遺物語集	仏師良秀
十訓抄	大江山
平家物語	祇園精舎，宇治山の先陣，那須与一，知盛最期，木曾最期，先帝入水
徒然草	第十段

しておけば，後に別の用途が拓けることがある，という事例といえよう。

(3)　敬語抽出でわかったこと

プロジェクト活動の一環として，参加学生に各ファイルを振り分け，敬語の抽出を行わせた（フィルタ機能を使って「尊敬」などをチェックさせるだけである）うえで，集計を行った。その結果，主に以下のような事実が明らかになった。

①高校の授業内に出てくる敬語は 30 種類程度である

集計をとったところ，出現頻度上位 10 語は図表 4.3 の通りとなった。

図表 4.3　敬語出現頻度上位 10 語

1	給ふ	2	はべり	3	思す	4	聞こゆ	5	奉る
6	さぶらふ	7	おはします	8	参る	9	申す	10	のたまふ

2.7 節のような単語帳作成であれば，まずこれらが「よく出る敬語」ということになるが，敬語の場合，古文単語全般と異なり，そもそも種類が有限である。「思しなげく」「思しわづらふ」など「思し～」といった複合動詞を分解してすべて「思す」でまとめる，というような処理をすると，高校の授業内で出てくる敬語は 30 種類台でつくされてしまう。頻出語を絞って覚えるのではなく，敬語に関してはすべてを網羅的に覚えてもたいした手間にはならないことが明らかになった。なお，今回の作業で，相当数のファイルを見たにもかかわらず，絶対敬語として習う「啓す」や，ラ変動詞として学ぶ「いまそかり」がファイル内からは出てこなかった，という事実に突き当たった。そこで CHJ でのヒット数を調べさせてみると，やはり「啓す」「いまそかり」の用例は少ないことが確認された。このような形で，コーパスが手近にあれば，作業を進める過程で学びを広げていくことができる。

②そもそも，テキストに出てくる敬語の半分は「給ふ」

また，頻出上位語の中でも特に「給ふ」の出現頻度が高く，古典テキストに出てくる敬語のうち半分がこの「給ふ」であることが明らかになった。図表 4.4 のとおり，出現頻度上位 10 語で，古典テキスト内の敬語の 9 割がカバーできてしまう。

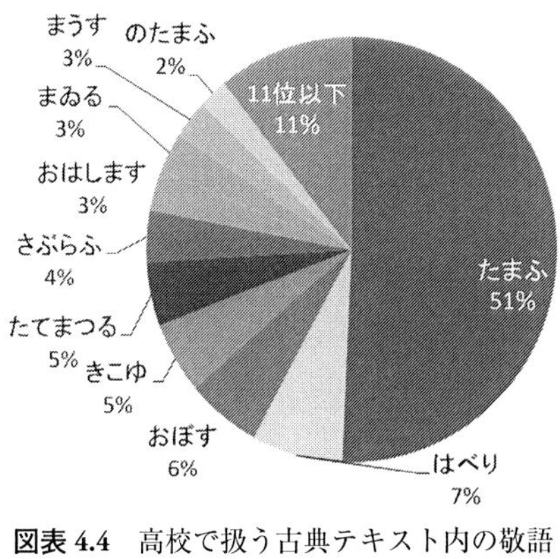

図表 4.4　高校で扱う古典テキスト内の敬語

以上から，敬語学習においては，「覚えることはそもそも有限であり，特によく使われる敬語はきわめて限られる。そこで，手を広げるよりは「給ふ」「奉る」などの基本をじっくり身につけ，そこから有限個の敬語全体を覚えていく」という姿勢が望ましいのではないかとの結論に至った。

(4)　教材データをもとにした敬語集

図表 4.5 に，プロジェクト学習の一環として作成した敬語教材サンプルを示す。こちらもデータ収集から最終的紙面構成まで，学生が制作したものである。

図表 4.5　敬語語彙集

［制作］　橋本莉奈・本多伶・君島かれん・関口舞・山下美咲

基本

見出し語	漢字	解　説	意　味
たまふ	給ふ	通常の四段活用（給は / 給ひ / 給ふ / 給ふ…）であれば尊敬語	
		補助動詞：動詞に尊敬の意を付け加える。「見給ふ」＝「見る＋尊敬」	〜なさる，お〜になる
		本動詞：くれる，くださる。「給与」「給食」とかの「給」。「領地を給ふ」とか	「くれる」の尊敬。くださる
たまふ	給ふ	下二段（給へ / 給へ / 給ふ / 給ふる…）という変な活用してるものは謙譲語 【下二・謙譲の「給ふ」が出てくるのは…】 会話文や手紙 1 人称：「思ふ」など，思考・感覚に関する動詞につく	謙譲の意味を足す。〜申し上げる
たてまつる	奉る	補助動詞：動詞に謙譲の意味を付け加える。「見奉る」＝「見る＋尊敬」	謙譲の意味を足す。「〜申し上げる」。実際しゃべってなくても，とりあえず「謙譲です」って伝えるために「申し上げる」で訳しておく。送り申し上げる，渡し申し上げる，乗せ申し上げる…
		本動詞：「奉納」の「奉」。偉い人に何かを「差し上げる」	差し上げる
		【特殊ケース：尊敬】 えらい人の飲食→周りの人が差し上げてる，えらい人が服を着る→周りの人が着せてる，偉い人が車に乗る→周りの人が車を手配してて奉ってる，ってところから，これらの尊敬語になることもある。 偉い人が，服を奉る→服を着る 偉い人が，酒を奉る→酒を飲む	飲食，服を着る，車に乗る，などの尊敬

きこゆ	聞こゆ	敬語でなく「聞こえる」	
		敬語として「申し上げる」。「見える」が来ることをあらわす尊敬語になるように，偉い人に「言う」場合，「聞こえるようにする」って感じの遠まわしな表現をする。というわけで… 本動詞：申し上げる	「言う」の謙譲
		補助動詞：動詞に謙譲の意味を付け加える。「～奉る」と一緒だと思っていい。	～申し上げる
はべり	侍り	補助動詞：丁寧の意味を足す	～です・ます
さぶらふ	候ふ	本動詞：偉い人に仕える（謙譲） この人が帝に候ふ 使える相手が特にいない場合，「ある・いる」の丁寧語 そのころ都は奈良に侍り	お仕え申し上げる あります / ございます

尊敬

見出し語	漢字	意　味	解　説
おぼす	思す	「思う」→お思いになる	※「おもほす」が詰まっただけ 【複合動詞】「-出づ」（思い出す），「-なる」（そう思うようになる），「-許す」（許す）「-消つ」（意識して忘れる）など，様々な複合形あり。なんとなく意味はとれるはず。ただし，きちんと敬語として訳そう。 ＜例＞「思ひ出づ」：思い出す←→「思し出づ」：思い出しなさる
おもほす	思ほす		
おぼしめす	思し召す		※特にエライ人用
おはす	御座す	いらっしゃる。	
おはします	御座します		
ます	坐す		
まします	坐す・在す	今の「いらっしゃる」は「いる」とか「来る」とかの尊敬なのと同じように，「いる」場合とか「来る」場合とかある	尊敬の「ます」を重ねたもの。「ます」単品よりエラく，神様とか皇族とか。今でも，神様について「天にまします…」って言ったりする
います	坐します		
のたまふ	宣ふ	「言う」→おっしゃる	
のたまはす	宣はす		特にエライ人用。 一般に，「～す」がつくとエライ人用になる。 思う→思ほす，見る→見す，遊ぶ→遊ばす，とか。 使役じゃない「～す」は敬語っぽいな，って思っておくといい。

ごらんず	御覧ず	「見る」→ご覧になる	
みす	見す		
めす	召す	お呼びになる	エライ人側に呼び寄せるイメージ。食べ物を「召し上がっ」たり，お洋服を「お召し」になるのも，エライ人の身に食べ物とか服とかが寄って行ってる
きこしめす	聞こし召す	「聞く」→お聞きになる ※飲食の尊敬語になる場合も。 「酒を聞こし召す」＝要するに酒飲んでる	「～めす」がつくとえらい人用になる。 知る→知ろしめす，聞く→聞こしめす，思す→思し召す
あそばす	遊ばす	～なさる	本来は歌や音楽をなさる。古文の「遊び」＝管弦。「～なさる」のほか，「歌を作る」とかの尊敬表現として「あそばす」あり
しろしめす	知ろし召す	知る，治める→ご存じ，お治めになる	知ることと治めることがつながってる。「知事」の「知」とか。古文では「知る」の時点で「治める」という意味あり
おほとのごもる	大殿籠る	寝る→おやすみになる	
つかはす	遣はす	お使いになる，派遣なさる	

謙譲

まゐる	参る	参上する	※今でも「参る」は通じるよね？
		【飲食の尊敬の場合あり】召し上がる	食べ物の方からエライ人の体に「参る」というイメージ
まうす	申す	言う→申し上げる	※今でも「申す」は通じるよね？
まかる	罷る	エライ相手のところから離れる→退出申し上げる	←→まうづ
まかづ	罷づ		「まかり出づ」が詰まったもの
まうづ	詣づ	エライ相手のところに行く→参上する	「初詣」の「詣で／もうでる」。←神様（エライ）のところに行く
つかうまつる	仕奉る	お仕えする，お作りする，いたす	「仕えまつる」から。もとは「お仕え申し上げる」。そこから，エライ人に対し何か作ったりあげたり，ということを広く表現するように
たまはる	給はる	もらう→いただく	「教える」→「教わる」みたいに，「給ふ」→「給はる」だと位置づけておけばいい
そうす	奏す	（天皇・上皇に）申し上げる	※相手が天皇・上皇に特定される絶対敬語。皇太子・皇后に対しては「啓（けい）す」

4.2
コーパスを活用した古典文法集

杉山俊一郎

本節では，コーパスを用いてどのような古典文法集が作成できるのか，また，それによってどのようなことが明らかにできるのかについて述べる。すでに多くの紹介があるように，コーパスは，①一度に大量のデータを扱えること，②品詞，活用の種類，活用形のような単語情報からの検索が可能なこと，③接続関係，共起関係などの整理が容易であること，等の特長を備えている。これらの特長を活かして，古典文法教育に資するデータの作成例，活用例を示すことが本節の目的である。

まず最初に，古典文法集がどのような場合に作成，活用されうるかを考える。次に，コーパスを活用した古典文法集について，実例を挙げつつ，その意義と方法とを述べる。

1.　コーパスを活用した古典文法集の作成

コーパスを活用した古典文法集作成の意義と方法とを述べるにあたり，まずは，どのような用いられ方が想定されるかを考えてみたい。コーパスから得られたデータからどのような情報を引き出し，そこにどのような意義づけを行うかは，目的や関心によって異なってくるからである。

第一に考えられるのは，教員が授業内での説明の補強のためにコーパスで調べてみるといった活用の仕方である。たとえば，学習事項を検討するために出現頻度を調べたり，学習の要点を整理するために，接続関係，共起関係を確認したりすることが考えられる。また，用例発掘のためにコーパスを使う場合もあるだろう。ある単語の意味を学習しようとする時，教科書で出会う例や，古語辞典に掲載されている用例が，生徒にとって必ずしも理解しやすいものであるとは限らない。生徒にとって分かりやすく，面白いと感じられる例を見つけ出す作業にもコーパスは有用である。

しかし，コーパスは，単に教員の授業準備のためにとどまらず，生徒の自学自習のために活用することも考えられる。具体的な用例の検討を通して，文法を発見したり，時にはコーパスや文法による古典解釈の限界を理解したりすることで，生徒自身が文法を対象化できるようになることが期待できる（図表4.6）。

コーパスを使う
- 教員が使う場合：説明の補強
  …学習事項の検討，学習の要点確認，用例の発掘
- 生徒が使う場合：文法の対象化
  …文法の発見，コーパスや文法の限界を知る

図表 4.6

そこで以下では，これら二つの使い方を念頭に置きつつ，下記の問題を取り上げて，古典文法集を作成する意義と方法とを具体的に述べていきたい。

① 上一段活用動詞の量的分布
② 「たまふ（四段）」と「たまふる（下二段）」（動詞の活用・敬語）
③ 「なむ」の識別（まぎらわしい語の識別）
④ 「けるなり」（助動詞の意味の識別と構文）
⑤ 名詞と形容動詞
⑥ 「つ」「ぬ」の意味の識別

まず，①〜③で教員がコーパスを使う場合について，次に，④〜⑥で生徒が使う場合について見ていくこととする。なお，今回示したデータは，すべてCHJ収録の以下の範囲から得たものである。

国立国語研究所（2016）『日本語歴史コーパス　平安時代編』（短単位データ1.1/長単位データ1.1）http://pj.ninjal.ac.jp/corpus_center/chj/heian.html

国立国語研究所（2016）『日本語歴史コーパス　鎌倉時代編Ⅰ説話・随筆』（短単位データ1.1/長単位データ1.1）http://pj.ninjal.ac.jp/corpus_center/chj/kamakura.html のコアデータ

国立国語研究所（2017）『日本語歴史コーパス　鎌倉時代編Ⅱ日記・紀行』（短単位データ1.0/長単位データ1.0）http://pj.ninjal.ac.jp/corpus_center/chj/kamakura.

html

2.　コーパスを活用した古典文法集の実際

(1)　上一段活用動詞の量的分布

古典語動詞の活用の種類（以下，活用型）には9種類があり，古典文法学習の最初の段階では，これらの活用の仕方を把握することが重要である。

しかし，次に掲げるように，各活用型に所属する動詞の数は，四段活用と上下二段活用以外，ある程度限定されている。これら所属語の限られている語については，その活用とともに，丸ごと暗記してしまうことも多いだろう。

・上一段活用…「着る」「似る」「煮る」「干る」「嚔る」「見る」「射る」「鋳る」「沃る」「居る」「率る」（11語）
・下一段活用…「蹴る」（1語）
・カ行変格活用…「来」（1語）
・サ行変格活用…「す」「おはす」「います」（3語）
・ナ行変格活用…「往ぬ」「死ぬ」（2語）
・ラ行変格活用…「あり」「をり」「はべり」「いまそがり」（4語）

ただし，上一段活用の場合は11語と比較的所属語数が多く，中には「嚔る」「鋳る」のような，あまり多くは見ない印象の語も存在する。したがって，これらすべてをひとしなみに取り扱うことの妥当性については検討の余地があるように思われる。そこで，CHJを用いて，上一段活用動詞の使用頻度について調べてみると図表4.7のようになる。

図表4.7からは，基本となる11語の中でも，「煮る」「嚔る」「鋳る」「沃る」の使用が極端に少ないことが分かる。実際，教科書に採用されている古文の本文中においても，これらの動詞に出会うことはほとんどないようである。

一方で，「顧みる」「試みる」「用いる」など，11語以外に頻出の語があることが注意される。これらはそれぞれ，「返り＋見る」「心＋見る」「持ち＋率る」が複合してできた語とされるので，基本の11語をおさえた上で取り扱っていくという進め方もあるかも知れない。しかし，次に挙げるように，意味や表記によっては，その成り立ちがイメージしにくいことも多く，量的分布の観点から

図表 4.7　上一段活用動詞の使用状況

	作品名＼語彙素	着る	似る	煮る	干る	嚔(ひ)る	見る	射る	鋳る	沃る	居る	率る	後ろ見る	垣間見る	顧みる	試みる	長居る	嚔(はな)ひる	率ゐる	用ゐる	夢見る	総計
平安時代編	竹取物語	3	3				83	5			21	8		1		1						125
	古今和歌集	10	3		5	1	251	1			9				1	4						285
	伊勢物語	5	5		1		96				18	9		2		1			1			138
	土佐日記	1	6	1	1		45				4	1										59
	大和物語	16	9		1		118	5			36	7		1	2							195
	平中物語		2		3		84				13	4					1					107
	蜻蛉日記	9	12		3		350	2		2	37	5			3	14				2		439
	落窪物語	29	9				345				109	11	1	1	11	3			3	3		525
	枕草子	77	23			1	340	1		1	168	10	3	1	1	2		3	1			632
	源氏物語	98	181		9		2831	3		1	451	63	30	3	28	33	1		2	11	2	3747
	和泉式部日記	1					87				22	5				2						117
	紫式部日記	12	5				95				65					2			1	2		182
	堤中納言物語	8	7				113		2		32	1	1			2					1	167
	更級日記	9	4				129		1		18	13			1	1						176
	大鏡	8	4		1		214	18		1	60	2	3		2	3				2		318
	讃岐典侍日記	7	4				117				33	4				6						171
鎌倉時代編	今昔物語集	63	24	2	1		918	83		1	257	101			6	17			1	13		1487
	方丈記	2	4				12				3				1							22
	宇治拾遺物語	66	18	4		2	674	52			255	28			3	25				1		1128
	十訓抄	36	30	2			213	15			71	3			11	9				4	2	396
	徒然草	5	19	2	1		146	2	2		37	3			4	3		2		9		235
	海道記	5	11		1		61				9			1	8						1	97
	建礼門院右京大夫集	5	8		2		129				10				1							155
	十六夜日記	3	3				44				6				2							58
	東関紀行	2	6				31				2											41
	とはずがたり	36	5		1		240				98				2	2				2	2	388
総計		516	405	11	30	4	7766	187	5	6	1844	278	38	10	87	130	2	5	9	49	8	11390

は，使用頻度の少ない基本語よりも，頻出の複合語を優先的に学習するいき方も考えられよう。

・人は恩を思ひ知て，身を**顧ず**恩を報ずるをぞ人とは云ふ。(『今昔物語集』巻 20-44：30-今昔 1100_20044,9440,7290)[1)]

・なほ，これを焼きて**試みむ**（『竹取物語』：20-竹取 0900_00001,76550,49820）

・女はただ心ばせよりこそ，世に**用ゐ**らるるものにはべりけれ（『源氏物語』少女：20-源氏 1010_00021,67480,38860）

もちろん，何を，どこまで学習するか，また，どのように学習していくのかは，学習の段階，進度，到達目標など，種々の観点から判断されるものではあるが，そうした判断材料の一つとして，コーパスによる出現頻度の調査は，大きな役割を果たすと思われるのである。

(2) 「たまふ（四段）」と「たまふる（下二段）」（動詞の活用・敬語）

敬語の識別問題に，四段活用の尊敬語「たまふ」と下二段活用の謙譲語「たまふる」がある。

・「さは申すとも，はや焼きて見**たまへ**」（『竹取物語』：20-竹取 0900_00001,77640,50570）＜尊敬語＞

・「かの御放ち書きなむ，なほ見**たまへ**まほしき」（『源氏物語』若紫：20-源氏 1010_00005,111420,64970）＜謙譲語＞

両者は活用型を異にしているが，語形がよく似ていることもあり，生徒が混乱しやすいものの一つである。多くの場合は，活用形の違いによって識別可能と思われるが，四段活用と下二段活用とは終止形が同形である。

ところで，学習用古語辞典の中にもこの問題に触れているものがあって[2)]，「たまふる」の終止形が少ないとの指摘がなされているが，実際にはどうであろうか。そこで，「たまふ」「たまふる」の活用形の使用状況を確認してみると図表 4.8 のようになる。

図表 4.8 から，「たまふる」には確かに終止形の例がほとんどないことが分かる。実例は，以下に示すとおりであるが，この中には本文に異同があるものも見られるから，「たまふる」終止形の例はさらに少なくなる。

・あさましう，いみじう，かぎりなう，うれしと思ひ**たまふ**べし（『蜻蛉日

[1)] 所在は CHJ のサンプル ID，開始位置，連番を示す。

[2)] たとえば，松村　明・山口明穂・和田利政編（2015）『旺文社古語辞典　第十版増補版』旺文社，秋山　虔・渡辺　実編（2013）『詳説古語辞典』三省堂，中村幸弘編（2007）『ベネッセ全訳古語辞典 改訂版』Benesse など。

表 4.8　各活用形の使用状況

活用形＼語彙	たまふ	たまふる
未然形-一般	2395	115
連用形-一般	6695	412
連用形-ウ音便	209	0
終止形-一般	4125	3
連体形-一般	3616	149
已然形-一般	1239	41
命令形	5077	1
ク語法	6	0
総計	23362	721

図表 4.9　「たまふる」の前接語（参考）

語　彙	用例数
思ふ	572
見る	127
聞く	10
知る	3
覚ゆ	2
持つ	1
失ふ	1
置く	1
聞こゆ	1
奉る	1
か（係助詞）	1
さす（助動詞）	1
総計	721

記』下：20-蜻蛉 0974_00011,65540,40230）

・まことに同じことに思う**たまふ**べき人なれど，よからぬ童べあまたはべりて，はかばかしからぬ身に，さまざま思ひたまへあつかふほどに（『源氏物語』東屋：20-源氏 1010_00050,37860,22380）　※おもひ侍へき（御物本，保坂本，池田本），をもふへき（陽明家本，圖書陵御蔵本）

・「しかさまに候ふ，と見**給ふ**」（『十訓抄』1-41：30-十訓 1252_01041,5680,3830）

以上の作業により，「たまふ」「たまふる」を文脈から識別しなければならない状況はほとんどない，という事実を具体的に確かめることができる。

このほか，「たまふる」には前接する語に偏りがあることもすでに多くの指摘がある。CHJ では図表 4.9 のような結果を得た。

このように，古語辞典，文法書その他の教材で，「多い」「少ない」「ほとんどない（まれ）」などと表現されていることが，具体的な数値・例文を以て即座に確認できるのも，コーパスならではの特長といえる。詳細な情報を得ることによって，教員が授業に臨む際の，学習の要点整理に役立つことが期待できるのである。

(3) 「なむ」の識別（まぎらわしい語の識別）

まぎらわしい語の識別に関する問題として，「なむ」を例に考えてみる。「なむ」には，係助詞，終助詞，＜完了の助動詞「ぬ」の未然形＋推量の助動詞「む」（以下，な＋む）＞の3種類があり，その識別が問題となる。

・芥河といふ河を率ていきければ，草の上に置きたりける露を，「かれは何ぞ」と**なむ**男に問ひける。（『伊勢物語』六段：20-伊勢 0920_00001,11720,7380）＜係助詞＞

・いつしかその日にならな**なむ**といそぎおしありくもいとをかしや（『枕草子』正月一日は：20-枕草 1001_00003,16080,9700）＜終助詞＞

・「潮満ちぬ。風も吹きぬべし」とさわげば，船に乗り**なむ**とす（『土佐日記』：20-土佐 0934_00001,12790,8500）＜な＋む＞

これらを識別するポイントには，次のようなものが挙げられる。

a　係助詞と終助詞・＜な＋む＞とは，係り結びの有無によって識別。

b　終助詞と＜な＋む＞とは，前に来る活用語の活用形によって識別。

しかし，次のような場合にはどうであろうか。

・(a について) 係助詞「なむ」が活用語の連用形に付き，かつ結びの省略・流れがある場合。

・(b について) 未然形と連用形が同形の場合。

そこで，こうした識別に困りそうな例がどれくらいあるのか，また他に識別ポイントとなりそうなものがあるかを調べてみる。

まず，「なむ」に前接する語の品詞，活用形を調べてみる（図表 4.10）。これによれば，前接語による判定法で識別に困りそうな例は，四段活用における係助詞と＜な＋む＞の場合，下二段活用における係助詞と終助詞，および＜な＋む＞の場合に限られることが分かる（網掛け部分。念のためにいえば，それ以外は語形からの判別が可能である）。

次に，係助詞「なむ」の例を見ると，17 例中 14 例が係り結びである。

・かくのみあるを，ここには答へ**なむ**わづらひぬる（『蜻蛉日記』下：20-蜻蛉 0974_00011,78990,48080）

・月ごろ風病重きにたへかねて，極熱の草薬を服して，いと臭きにより**なむ**え対面賜らぬ。（『源氏物語』帚木：20-源氏 1010_00002,126610,74090）

図表 4.10　「なむ」に前接する語の品詞と活用形

		係助詞（連用形接続）	終助詞	な＋む	備考
動詞	四段動詞	15	75	345	
	カ変動詞		4**	26***	**こ***き
	サ変動詞		5**	13***	**せ***し
	ナ変動詞				
	ラ変動詞		22**	142***	**あら***あり
	上一段動詞			7	
	上二段動詞			16	
	下一段動詞				
	下二段動詞	2	21	155	
形容詞	ク活用	145*	1**	11***	*く（う）**から***かり
	シク	156*		19***	*しく（しう）***しかり
助動詞	ごとし	2			
	ず	54*	12**		*ず**ざら
	たり（完了）			1	
	なり（断定）	343*	1**	3***	*に**なら***なり
	ぬ		13		
	べし	32			
	まじ	18			
総計		767	154	738	

注1：形容動詞の例は「なり（断定）」に含む。
　2：識別の問題がありそうなものに網掛けを施した。

残る3例はすべて「〜によりなむ」のかたちで『源氏物語』に見られる。

・つひの世の重しとなるべき心おきてをならひなば，はべらずなりなむ後もうしろやすかるべきにより**なむ**。（『源氏物語』少女：20-源氏 1010_00021, 21540,12450）

・しか思ひたどるにより**なむ**。（『源氏物語』若菜上：20-源氏 1010_00034, 59440,34180）

・誰が御ためにも頼もしきことにははべらめと，推しはかりきこえさするに

より**なむ**。(『源氏物語』夕霧：20–源氏 1010_00039,23080,12690)

以上により，係助詞とそれ以外との区別は，構文や共起語の観点から十分に判別することが可能だと判断される。

それでは，終助詞「なむ」と＜な＋む＞の識別についてはどうであろうか。図表 4.11 は，それぞれに前接する語の語彙を整理したものである。

図表 4.11　終助詞「なむ」と〈な＋む〉の前接語語彙

なむ（終助）		な＋む				
明く（2）	見ゆ（1）	敢ふ（8）	消ゆ（7）	解く（1）	参らす（1）	別る（2）
出づ（5）	寄す（1）	明く（2）	暮る（3）	捕らはる（1）	罷出づ（4）	忘る（6）
込む（1）	る（1）	出づ（17）	汚る（1）	流る（1）	紛る（1）	
告ぐ（2）		飢う（1）	答ふ（1）	逃ぐ（9）	負く（1）	
伝ふ（1）		失す（8）	越ゆ（2）	寝（4）	免る（1）	
伝つ（1）		埋もる（1）	栄ゆ（1）	濡る（1）	乱る（2）	
解く（2）		覚ゆ（1）	さすらふ（1）	逃る（1）	見ゆ（3）	
果つ（2）		隠る（7）	倒る（1）	果つ（6）	焼く（2）	
見す（1）		離(か)る（2）	長(た)く（1）	離(はな)る（7）	寄す（1）	
乱る（1）		聞こゆ（4）	絶ゆ（8）	経（2）	る・らる（21）	
計 21		計 155				

注 1：(　) 内の数字は用例数を示す。
　2：どちらにも見られる語彙に網掛けを施した。

このように，重ならない語も多いが，重なる場合も皆無ではない。重なる例としては次のようなものがある。

・はや夜も明け**なむ**と思ひつつゐたりけるに，鬼はや一口に食ひてけり。(『伊勢物語』六段：20–伊勢 0920_00001,12710,8050) ＜終助詞＞

・夜やうやう明け**なむ**とするほどに (『伊勢物語』六九段：20–伊勢 0920_00001,140980,90400) ＜な＋む＞

・とく夜も明けはて**なん**，人か何ぞと見あらはさむ (『源氏物語』手習：20–源氏 1010_00053,13200,8200) ＜終助詞＞

・常に鬼とのたまへば，同じくはなりはて**なむ**とて (『源氏物語』夕霧：20–

源氏 1010_00039,274290,158250）＜な＋む＞

これらは基本的に文脈によって判断していくものであろう。

以上の作業によって，「なむ」の識別を文脈判断に頼らざるを得ないような例は，下二段活用に接続する際の終助詞と＜な＋む＞の場合にほぼ絞られるということが見えてきた。

このように，コーパスから得られたデータを，接続関係，共起関係などからより細かく分析していくことによって，学習上，注意すべきポイント（どこに問題があるのか，例外にはどのようなものがあるかなど）を明確にすることができる。

(4)　「けるなり」（助動詞の意味の識別と文法的な考え方の問題）

ここからは，生徒自身がコーパスを使って学習する場合を考えてみる。学習の進め方には，目の前の古典文の解釈から学習を深める方法と，特定の文法事項の検討から学習を深める方法の二つがありうると思われる。前者について本項で，後者については（5）（6）で考えてみる。

さて，『土佐日記』には次のような例がある。

・よき人の，男につきて下りて，住みける**なり**。（『土佐日記』：20-土佐 0934_00001,21200,14160）

この「なり」が断定の助動詞か，伝聞推定の助動詞かは，CHJ の文脈情報で次のように確認することができる（図表 4.12）。こうした基本情報（特に品詞情報）は，生徒の予習・復習にも活用できよう。

ところで，上の「なり」が断定の助動詞と判断されるのは，「中古の「き」「けり」には推量の助動詞が下接することがない」（小田 2014）からであるが，これは，「けり」との承接関係を調べてみることによっても具体的に確かめることができる（図表 4.13）。

このように，品詞認定・意味認定の理由を，利用者自身が実際に確かめてみることで，知識の定着だけでなく，文法的な考え方を学ぶ効果も期待できる。今回の事例でいえば，助動詞の意味の識別には，「前接する動詞の活用形による識別」「文脈による識別」以外の識別方法（「助動詞の相互承接による識別」）に気づくことが学習のねらいとして挙げられるだろう。

図表 4.12 「住みけるなり」部分の詳細な文脈情報

書字形出現形	語彙素読み	語彙素	語彙素細分類	品詞	活用型	活用形	発音形出現形	語種	原文文字列
よき	ヨイ	良い		形容詞-非自立可能	文語形容詞-ク	連体形-一般	ヨキ	和	よき
人	ヒト	人		名詞-普通名詞-一般			ヒト	和	人
の	ノ	の		助詞-格助詞			ノ	和	の
、		、		補助記号-読点				記号	、
男	オトコ	男		名詞-普通名詞-一般			オトコ	和	男
に	ニ	に		助詞-格助詞			ニ	和	に
つき	ツク	付く		動詞-非自立可能	文語四段-カ行	連用形-一般	ツキ	和	つき
て	テ	て		助詞-接続助詞			テ	和	て
下り	クダル	下る		動詞-一般	文語四段-ラ行	連用形-一般	クダリ	和	下り
て	テ	て		助詞-接続助詞			テ	和	て
、		、		補助記号-読点				記号	、
住み	スム	住む		動詞-一般	文語四段-マ行	連用形-一般	スミ	和	住み
ける	ケリ	けり		助動詞	文語助動詞-ケリ	連体形-一般	ケル	和	ける
なり	ナリ	なり	断定	助動詞	文語助動詞-ナリ-断定	終止形-一般	ナリ	和	なり
。		。		補助記号-句点				記号	。

図表 4.13　「けり＋なり」

断定	伝聞	総計
365	0	365

(5)　名詞と形容動詞

古語辞典を調べる際，生徒が戸惑うものの一つに，ある単語が複数の品詞にまたがる場合の品詞認定の問題があると思われる。たとえば，「つれづれ」には名詞としての用法と，形容動詞としての用法の二つがあるが，いま目にしている文例はそのいずれと判断できるかといったことである。これは，

・僧たち宵の**つれづれ**に，「いざ，掻餅せん」といひけるを，この児心寄せに聞きけり。(『宇治拾遺物語』1-12：30-宇治 1220_01012,250,200) →連体修飾（<名詞＋の>）を受けているので，ここでは名詞。

のように，文脈によって識別可能なものもあるが，いつもこのように截然と分けられるわけではない。

そこで，コーパスから「つれづれ」の例を検索して用例集を作成し（図表4.14)，名詞と形容動詞がどのような基準によって識別できるのかを，(識別が難しい例も含め）実際に生徒に考えさせるといった学習が考えられよう[3)]。

生徒は，多くの用例を分析していく過程で，名詞と形容動詞の識別方法にはどのようなものがあるかを学習していくことになる。また，時には新たな識別方法を見つけたり，識別できないことそのものについて，現行の品詞分類や識別方法の諸問題から考えたりするきっかけにもなるかも知れない。

コーパスによって作成した用例集は，知識定着の練習問題としてだけでなく，文法そのものの理解を深めるための発展問題としても活用できる。

(6)　「つ」「ぬ」の意味の識別

最後に，コーパスによる文法学習の限界について，助動詞「つ」「ぬ」の意味の識別を例に考えてみたい。

---

3) ただし，CHJ では「形容動詞」を認定せず，その語幹にあたるものを「形状詞」として取り扱っている点，注意が必要である。

228 件の検索結果が見つかりました。
検索対象語数：1,574,153　記号・補助記号・空白を除いた検索対象語数：1,329,826

<table>
<tr><th>サンプル ID</th><th>開始位置</th><th>連番</th><th>コア</th><th>前文脈</th><th>キー</th><th>後文脈</th><th>語彙素読み</th><th>語彙素</th></tr>
<tr><td>20-古今 0906_00014</td><td>1110</td><td>690</td><td>1</td><td>つ＃業平|朝臣|の|家|に|侍り|ける|女|の|もと|に|、|よみ|て|つかはし|ける＃としゆき|の|朝臣|</td><td>つれづれ</td><td>|の|ながめ|に|まさる|涙川|袖|のみ|濡れ|て|逢ふ|よし|も|なし＃か|の|女|に|かはり|て|返し</td><td>ツレヅレ</td><td>徒然</td></tr>
<tr><td>20-古今 0906_00019</td><td>16560</td><td>10580</td><td>1</td><td>ば|、|雪|いと|深かり|けり|。#しひ|て|か|の|室|に|まかり|いたり|て|拝み|ける|に|、|</td><td>つれづれ</td><td>|と|し|て|、|いと|ものがなしく|て|、|帰り|まうで|き|て|、|よみ|て|おくり|ける|忘れ|て|は</td><td>ツレヅレ</td><td>徒然</td></tr>
<tr><td>20-伊勢 0920_00001</td><td>92620</td><td>59230</td><td>1</td><td>聞き|つけ|て|、|泣く泣く|つげ|たり|けれ|ば|、|まどひ|来|たり|けれ|ど|、|死に|けれ|ば|、|</td><td>つれづれ</td><td>|と|にこもり|をり|けり|。#時|は|六月|の|つごもり|、|いと|暑き|ころほひ|に|、|宵|は|遊び|をり</td><td>ツレヅレ</td><td>徒然</td></tr>
<tr><td>20-伊勢 0920_00001</td><td>173220</td><td>110510</td><td>1</td><td>の|ふもと|なれ|ば|、|雪|いと|高し|。#しひ|て|御|室|に|まうで|て|おがみ|たてまつる|に|、|</td><td>つれづれ</td><td>|と|いと|もの悲しく|て|おはしまし|けれ|ば|、|やや|久しく|さぶらひ|て|、|いにしへ|の|こと|など|思ひ|いで|聞え</td><td>ツレヅレ</td><td>徒然</td></tr>
<tr><td>20-伊勢 0920_00001</td><td>217070</td><td>138000</td><td>1</td><td>かき|て|、|書か|せ|て|やり|けり|。#めでまどひ|に|けり|。#さて|男|の|よめ|る|。#</td><td>つれづれ</td><td>|の|ながめ|に|まさる|涙河|袖|のみ|ひち|て|あふ|よし|も|なし＃返し|、|例|の|男|、|女</td><td>ツレヅレ</td><td>徒然</td></tr>
<tr><td>20-大和 0951_00001</td><td>59630</td><td>36800</td><td>1</td><td>も|あり|けり|。#をかしき|人|に|て|、|よろづ|の|こと|を|つね|に|いひ|かはし|たまひ|けり|。#</td><td>つれづれ</td><td>|なる|日|、|この|おとど|、|としこ|、|また|この|むすめ|、|姉|に|あたる|あやつこ|といひ</td><td>ツレヅレ</td><td>徒然</td></tr>
</table>

図表 4.14　語彙素「徒然」の検索結果

現行の古典文法では，助動詞「つ」「ぬ」の意味について，大きく＜完了＞と＜強意（確述）＞とを区別している。たとえば，次の例では，はじめの「ぬ」が＜完了＞，あとの「ぬ」が＜強意（確述）＞と認定されるものと思われる。

・「潮満ち**ぬ**。風も吹き**ぬ**べし」（『土佐日記』：20-土佐 0934_00001,12590,8350）

そこで二つの意味認定の基準が問題となるわけであるが，いま，上の例をもとに，「何もつかない場合には＜完了＞，「べし」が続く場合は＜強意（確述）＞」と仮定して用例を調べてみたとしよう。ところが，検証の過程で以下のような反例が見いだされ，この仮定は絶対的な規則にはなりえないことが明らかとなる（ただし，一定の傾向は認められる）。

・「はや船に乗れ，日も暮れ**ぬ**」（『伊勢物語』九段：20-伊勢 0920_00001,24630,15750）

・げにあはれなりける昔のことを，かく聞かせざらましかばおぼつかなくても過ぎ**ぬ**べかりけりと思してうち泣きたまふ（『源氏物語』若菜上：20-源氏 1010_00034,322090,186660）

ここからは，単独用法でも＜強意（確述）＞の意になりうるし，また，「べし」がついていても＜完了＞の意で解釈できる例のあることが了解される。

これに関して，次の和歌における「つ」の議論は示唆的である。

・それをかのまめ男，うち物語らひて，かへり来て，いかが思ひけむ，時は三月のついたち，雨そほふるにやりける。
おきもせず寝もせで夜を明かしては春のものとてながめくらしつ（『伊勢物語』二段：20-伊勢 0920_00001,4490,2750）

ここに見られる「つ」は，一般に<完了>で理解されているものであるが，これに対し，森野（1972）では次のように述べられている。

> 「くらしつ」の「つ」は，実際に一日を暮らしてしまったという既定の事実を述べたものではなく，いわゆる確述の用法で，このままきっと一日を暮らしてしまうのだの意とみる。（中略）こうみないと，後朝の文としては時間がたちすぎ，しっくりこない。

結局，「つ」「ぬ」の意味を決めるには，文法以外の知識も必要な場合があるのであって，外形的な手掛かりからすべてを把握できるわけではないのである。しかし，こうしたことは，用例の収集と検討が容易なコーパスを活用してこそ理解できてくる面があるともいえる。コーパスで繰り返し調査を行うことで，コーパスで調査できる範囲や，文法的な読み方の限界（＝コーパスや文法の正しい活用法）を知る効果が期待できるように思われるのである。

以上，本節では，コーパスを活用した古典文法集作成の方法と意義とについて，いくつかの具体的な事例を通して考えてきた。今回は CHJ に絞って考えてみたが，以上に示してきた文法データは，教科書や入試問題の本文を電子化したオリジナルのコーパスを作成することによって，さらにその実用性を高めることができると思われる。その意味で，本節の内容は，文法事項においても，その活用法においても，ごくわずかな事例を取り扱ったものにすぎない。今後，より多くの文法事項を取り上げ，CHJ 以外のデータも分析対象とするなど，古典文法集の拡充に努めたい。

引用・参考文献

池田亀鑑（1953）『源氏物語大成　巻三　校異篇』中央公論社，1800 頁。
小田　勝（2014）「古典文法の学習参考書を読む―古典文法研究者の立場から」『岐阜聖徳学園大学国語国文学』35，113 ～ 114 頁。
森野宗明（1972）『伊勢物語』講談社文庫，191 ～ 192 頁。

[付記]

本節をまとめるにあたり，プロジェクトのメンバーの方々から多くのご意見・ご教示を頂いた。特に，「文法の対象化」という着想は，甲斐伊織先生のご教示に負うところが大きい。末尾ながら記して厚く御礼申し上げる。言うまでもなく本節の不備の責任はすべて筆者にある。

索　引

編集者略歴

河 内 昭 浩（かわうち・あきひろ）

1968年　群馬県に生まれる
1995年　群馬大学大学院教育学研究科修士課程修了
現　在　群馬大学教育学部・准教授
　　　　修士（教育学）

新しい古典・言語文化の授業
—コーパスを活用した実践と研究—　　定価はカバーに表示

2019年1月10日　初版第1刷
2021年7月25日　　　第3刷

編集者　河　内　昭　浩
発行者　朝　倉　誠　造
発行所　株式会社　朝　倉　書　店

東京都新宿区新小川町 6-29
郵 便 番 号　162-8707
電　話　03（3260）0141
FAX　03（3260）0180
http://www.asakura.co.jp

〈検印省略〉

新日本印刷・渡辺製本

ISBN 978-4-254-51061-4　C 3081　　Printed in Japan